Tropische Gärten

Tropische Gärten

Text von
William Warren

Fotos von
Luca Invernizzi Tettoni

Gerstenberg Verlag

Die Deutsche Bibliothek –
CIP-Einheitsaufnahme

Tropische Gärten/*Texte von William Warren. Photos von Luca Invernizzi Tettoni. [Aus dem Engl. übertr. von Nixe Duell-Pfaff]. – Hildesheim: Gerstenberg, 1992 Einheitssacht.: Tropical garden <dt.>*
ISBN 3–8067–2059–2
NE: Warren, William; Invernizzi Tettoni, Luca; EST

Aus dem Englischen übertragen von Nixe Duell-Pfaff
Die Originalausgabe erschien unter dem Titel "The Tropical Garden" bei Thames & Hudson Ltd., London.
Copyright (c) 1991 Thames & Hudson Ltd., London
Deutsche Ausgabe Copyright (c) 1992 Gerstenberg Verlag, Hildesheim
Alle Rechte vorbehalten, auch die der auszugsweisen Vervielfältigung, gleich durch welche Medien.
ISBN 3–8067–2059–2
Printed in Singapore

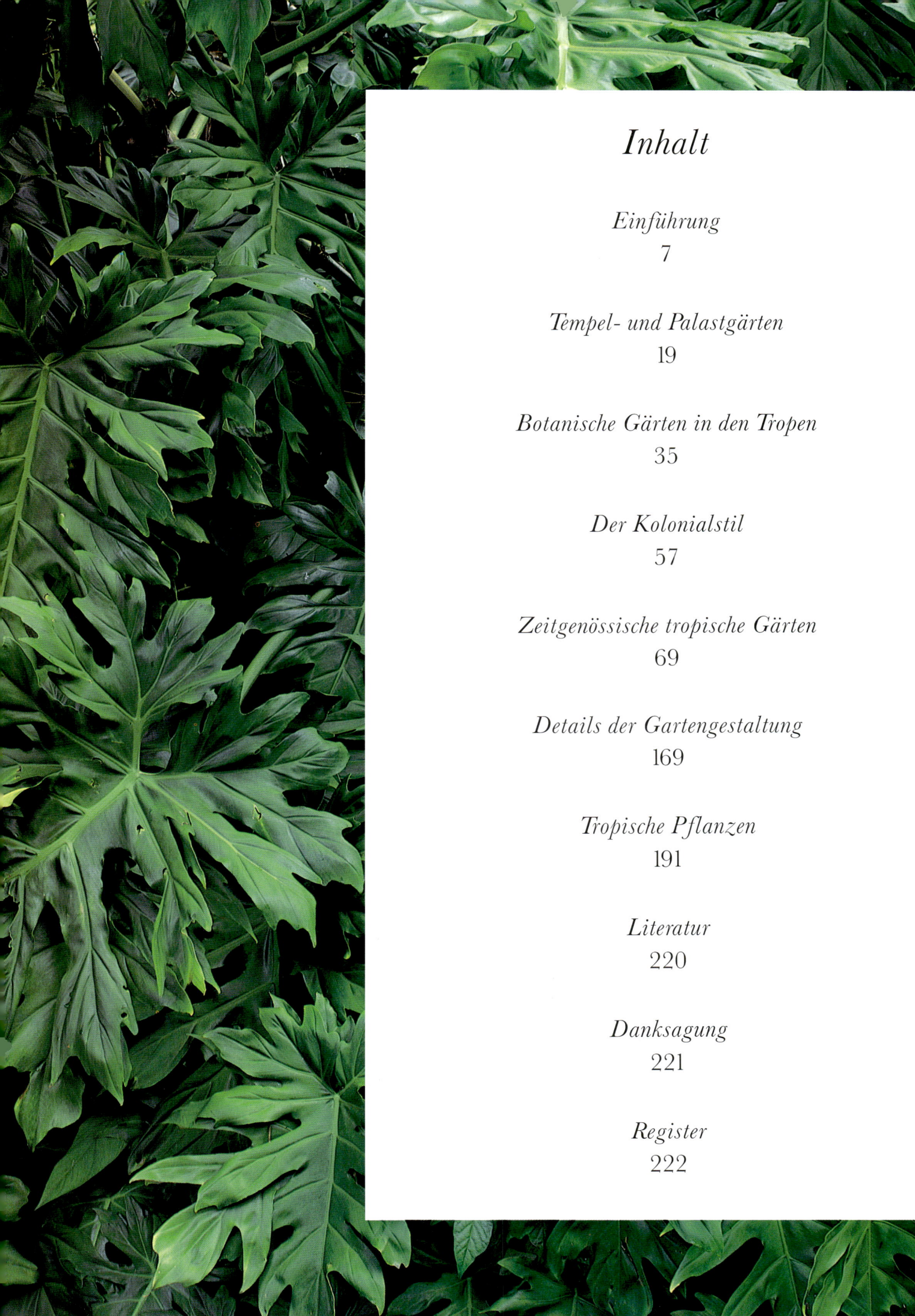

Inhalt

Einführung
7

Tempel- und Palastgärten
19

Botanische Gärten in den Tropen
35

Der Kolonialstil
57

Zeitgenössische tropische Gärten
69

Details der Gartengestaltung
169

Tropische Pflanzen
191

Literatur
220

Danksagung
221

Register
222

Einführung

Links: *Üppig und etwas geheimnisvoll zugleich, verkörpert der tropische Garten einige der ältesten Sehnsüchte des Menschen nach leuchtenden Farben und nie endendem Wachstum.*

Unten: *Strelitzia reginae, die Paradiesvogelblume; frühe Zeichnungen wie diese weckten das Interesse der Europäer an tropischen Pflanzen und bewirkten, daß sowohl private als auch öffentliche Sammlungen angelegt wurden. (Redouté, Les Liliacées, Bd. 2, Tafel 78).*

DER MENSCH TRÄUMT SEIT URZEITEN vom Paradies, einem tropischen Garten, der ewig blüht und fruchtet. Der Garten Eden, von dem die Bibel spricht, ist vielleicht eines der frühesten Zeugnisse hierfür. Schon lange bevor die Europäer etwas von der Existenz der Tropen ahnten, sehnten auch sie sich nach diesem himmlischen Garten, wenn sie in unwirtlichen Gegenden, dem rauhen Klima trotzend, mühsam den kargen Boden bearbeiteten. In dunklen Winternächten entwickelten die Menschen aber zweifellos auch ganz individuelle Vorstellungen von einem immerwährenden Sommer und einer Natur, deren Reichtümer einem in den Schoß fallen, ohne daß man sich zu plagen braucht.

Erst im Zeitalter der Entdeckungen nahmen diese Phantasiegebilde dann eine realere Gestalt an. Dafür sorgten abenteuerlustige Botaniker, die zunächst Zeichnungen und getrocknete Pflanzen, später auch lebende Gewächse von ihren Reisen mitbrachten. Viele von ihnen waren so bizarr, als seien sie tatsächlich der menschlichen Phantasie entsprungen. Die Tropen bargen zwar keinen menschenfressenden Baum, wie die Legende behauptete (man hat zumindest keinen gefunden), aber auf der Insel Borneo und den Philippinen gab es äußerst merkwürdige Kannenpflanzen, denen es gelang, auch ziemlich große Insekten zu fangen und langsam zu verdauen. Dank dieser Entdeckungen konnten die Maler nun ihre idealisierten Gärten mit zunehmend wirklichkeitsgetreueren Farnen, Palmen und exotischen Obstbäumen ausstatten. Dabei tauchte oft der Bananenbaum als „Baum der Erkenntnis" auf, obwohl der Urwald, in dem er angeblich wuchs, eine bemerkenswerte Ähnlichkeit mit den sorgfältig gepflegten und wohlgeordneten Gärten daheim aufwies.

Die europäische Begeisterung für tropische Gewächse erreichte ihren Höhepunkt im 19. Jahrhundert. Zu dieser Zeit besaß fast jede größere Stadt, die etwas auf sich hielt, ganz gleich, wie rauh ihr Klima auch sein mochte, eine Einrichtung, die es erlaubte, der Öffentlichkeit die neuesten botanischen Wunder zu präsentieren. Am auffallendsten war dies in England. Man

Das Paradies aus der Sicht eines Künstlers: ‚Der Garten Eden' von Erastus F. Salisbury (1865). Eine genauere Kenntnis der Tropen führte zu naturgetreueren Pflanzendarstellungen in Gemälden dieser Art.

kann sogar sagen, so merkwürdig es klingen mag, daß kein anderes Land einen so großen Einfluß auf die spätere Planung und Gestaltung von Gärten in den fernen Tropen hatte wie England.

Mit der Ausdehnung ihrer Kolonien war es den Engländern bald möglich, vergleichsweise sicher an die natürlichen Standorte tropischer Pflanzen zu gelangen, mochte es sich dabei um die Regenwälder von Borneo oder Malakka, um die Westindischen Inseln, Zentralamerika, Indien, Burma oder die Inseln des Südpazifiks handeln. Um sich eine Vorstellung von diesem Reichtum machen zu können, muß man wissen, daß allein die Halbinsel Malakka westlichen Pflanzensammlern rund 8000 „neue" Pflanzenarten bescherte. Angesichts der traditionellen Leidenschaft der Engländer für Gartenkultur und angesichts einer steigenden Nachfrage durch wohlhabende Sammler und so berühmte botanische Gärten wie Kew, ist es nicht

Zeitgenossen von Königin Victoria betrachten fasziniert eine neue exotische Pflanze im Botanischen Garten von Kew (aus ‚The Illustrated London News', 17. Oktober 1846).

Darstellung einer sogenannten Ward'schen Kiste für den Transport exotischer Pflanzen und Samen (aus ‚Closed Cases für Plants' von N. Ward – Britische Bibliothek).

weiter verwunderlich, daß Abenteuerreisende zunehmend danach trachteten, nicht nur zum Vergnügen, sondern auch des Gewinnes wegen immer neue Pflanzen von ihren Reisen mitzubringen. Es ist ebenfalls nicht erstaunlich, daß die ersten Versuche, Pflanzen aus fernen Ländern in die Heimat mitzunehmen, meist scheiterten. Lebende Pflanzen gingen gewöhnlich während der damals üblichen langen Schiffsreise ein. Auch den Samen erging es nicht viel besser: Entweder hatten sie zum Zeitpunkt ihrer Ankunft schon ihre Keimfähigkeit eingebüßt oder die aus ihnen keimenden jungen Pflanzen starben schon bald an dem für sie ungewohnten rauhen Klima. Um dieses Problem zu umgehen, begann man, Gewächshäuser zu bauen. Die im Jahre 1761 in Kew errichtete Orangerie wurde zunächst mit Warmluft, später mit Heißwasser beheizt. Es war jedoch schwer, die Temperatur in diesen Bauten zu regeln. Außerdem machte es Schwierigkeiten, mittels großer Glasflächen eine tropische Atmosphäre zu schaffen. Glasscheiben von guter Qualität waren damals Mangelware und wurden zudem hoch besteuert. Ein Durchbruch wurde erst 1827 erzielt, als ein Londoner Arzt namens Nathaniel Ward für ein Experiment eine Raupe mit etwas Humus in ein Glasgefäß tat und dies dann mit einem Stöpsel verschloß. Nachdem er das Glas zunächst offenbar vergessen hatte, entdeckte er, daß aus der Erde eine kleine Farnpflanze und ein Grashalm emporgewachsen waren. Sie lebten von der Feuchtigkeit, die sich an der Innenseite des Glasgefäßes niedergeschlagen hatte. Es ist nicht bekannt, was aus der Raupe, dem ursprünglichen Forschungsobjekt, geworden war. Die Pflanzen aber gediehen vier Jahre lang in diesem Behältnis. Diese Beobachtung führte zur Erfindung der berühmten Ward'schen Kiste, die nach den Worten von Tyler Whittle, dem Autor des herrlichen Buches „Pflanzenjäger", den Transport exotischer Pflanzen revolutionierte. Ward stellte eine große Version seines Glasgefäßes her, indem er Glasscheiben mit Hilfe von hartem, gut trocknendem Holz miteinander verband. Die Folge war, daß man sich um diese „Terrarien", wie man sie nannte, förmlich riß. Die kleinen Zimmergewächshäuser standen bald in fast allen Wohnungen der viktorianischen Epoche. Weitaus wichtiger war jedoch, daß nun sehr viel mehr Pflanzen die weite Reise aus entfernten Erdteilen lebend überstanden. Mit Hilfe der Ward'schen Kisten (die, nebenbei bemerkt, dem Arzt keinerlei Profit einbrachte) wurden empfindliche tropische Gewächse sicher nach England und in andere Länder transportiert. An ihrem Bestimmungsort angekommen, wurden die Pflanzen dann von ihren stolzen Besitzern in großen, glasüberwölbten künstlichen Gärten untergebracht, die sich gerade zu dieser Zeit zunehmender Beliebtheit erfreuten. Die Entwicklung dieser Glashäuser stand in unmittelbarem Zusammenhang mit der Aufhebung der britischen Glassteuer im Jahre 1845. Hinzu kam, daß sich neue Industriezweige entwickelten, die qualitativ hochwertiges Glas billiger als je zuvor

Das große Palmenhaus von Kew, das zwischen 1844 und 1848 von Decimus Burton für die Präsentation von Palmen und anderen tropischen Zierpflanzen errichtet wurde (aus ‚The Illustrated London News,' 7. August 1852).

herstellten. Buchstäblich Tausende solcher Glashäuser wurden überall in England errichtet. Zu ihnen gehörten winzige Gewächshäuser, die in den Hinterhöfen der Vorstädte Platz fanden, genauso wie prächtige Glaspaläste wie das von Decimus Burton zwischen 1844 und 1848 in Kew erbaute Palmenhaus mit einer Grundfläche von rund 2200 Quadratmetern. Wohlhabende private Sammler wetteiferten darin, die größte Sammlung exotischer Pflanzen zu besitzen und ließen für diesen Zweck immer größere Gewächshäuser bauen.

Der sechste Herzog von Devonshire sandte beispielsweise einen seiner Gärtner, einen jungen Mann namens John Gibson, 1835 eigens nach Indien, um von dort einen Tohabaum *(Amherstia nobilis)* zu holen. Dieser galt wegen der Fülle seiner korallenfarbenen Blüten als einer der schönsten Blüten-

Joseph Paxtons Großes Gewächshaus in Chatsworth, das seinerzeit größte Glashaus der Erde (aus der Devonshire-Sammlung).

bäume überhaupt. Obwohl er sehr unter der ungewohnten Hitze litt, gelang es Gibson, den gewünschten Baum zu bekommen und obendrein noch eine ganze Reihe anderer tropischer Pflanzen zu sammeln. Er verpackte sie in die damals noch neuen Ward'schen Kisten und eilte auf dem schnellsten Schiff nach England zurück. Joseph Paxton, der Obergärtner des Herzogs, hatte in der Zwischenzeit eigens ein Gewächshaus für die empfindlichen Pflanzen gebaut. Er sorgte auch dafür, daß die Behälter mit den Pflanzen bei Gibsons Ankunft auf dem schnellsten Weg von einer Wagenstafette nach Chatsworth gebracht wurden.

Paxton sollte der berühmteste Baumeister von Glashäusern werden. Das von ihm entworfene und zwischen 1836 und 1840 erbaute Große Glashaus von Chatsworth war das größte seiner Zeit. Es bot so viel Raum, daß

Königin Victoria es mit der Kutsche durchqueren konnte. In einem weiteren Gewächshaus dieser Art, ebenfalls auf dem Landsitz des Herzogs, kam eine riesige brasilianische Seerose zum ersten Mal in England zur Blüte. Man gab ihr, der Königin zu Ehren, den Namen *Victoria regia*. Später änderte man den Namen in *Victoria amazonica* um. Für diese Wasserpflanze wurde in Kew ein spezielles Glashaus von Richard Turner entworfen und 1852 seiner Bestimmung übergeben. Die riesigen, tellerförmigen Blätter der *Victoria amazonica* prägten das Bild, das sich die Allgemeinheit von einem tropischen Garten machte, ebensosehr wie der elegante Baum der Reisenden oder die großblätterige *Alocasia* (das „Elefantenohr").

Sowohl die Ward'sche Kiste als auch die großen viktorianischen Glashäuser hatten einen entscheidenden Einfluß auf das Entstehen „tropischer" Zierlandschaften, wie wir sie heute kennen. Wirtschaftlich genutzte Gärten und Zuchtstationen spielten in den Tropenkolonien des britischen Empire von Anfang an eine wichtige Rolle. Man brauchte sie, um tropische Pflanzen auf ihren möglichen wirtschaftlichen Nutzen zu überprüfen. In St. Vincent auf den Westindischen Inseln wurde eine solche Einrichtung 1746 gegründet (Kapitän William Bligh hatte den Auftrag, mit der Bounty eine Fracht junger Brotfruchtbäume dorthin zu bringen, als die berühmte Meuterei ausbrach). Andere Zuchtstationen folgten auf Jamaica (1774), in Kalkutta (1786), Penang (1796), auf Ceylon, dem heutigen Sri Lanka (1821), und in Singapur (1822). Die Ward'schen Kisten erleichterten die Aufgabe, neue Arten in diese Zentren zu transportieren, enorm. Nicht nur wirtschaftlich inzwischen so bedeutsame Pflanzen wie der Kautschukbaum, der Kaffeestrauch, die Ölpalme und verschiedene Gewürzpflanzen traten weite Reisen

Oben: *Das Große Gewächshaus von Chatsworth, in dem der sechste Herzog von Devonshire seine Sammlung tropischer Pflanzen aufbewahrte.*

Links: *Blüte einer* Victoria regia *(Zeichnung von J. F. Allen).*

Rechts: Victoria regia *(jetzt* Victoria amazonica*) in einem eigens für sie von Joseph Paxton in Chatsworth erbauten Glashaus.*

13

an, auch zahllose Zierpflanzen fanden so ihren Weg in weit entfernte Erdteile. Exotische Gewächse aus dem Regenwald Mittelamerikas gelangten in die Gärten von Singapur, andere von der Südsee nach Trinidad. Viele von ihnen vermochten sich ihrer neuen Umgebung so schnell und gut anzupassen, daß sie schon nach wenigen Generationen als nahezu eingebürgert galten. Zu diesen Pflanzen gehören, um nur einige geläufige Beispiele zu nennen, die Bougainvillie, *Allamanda*, *Plumeria*, *Poinsettia*, Heliconien, die Flamingoblume *(Anthurium)*, Bromelien und der Philodendron. Sie alle stammen aus Mittel- oder Südamerika und gehören heute weltweit zum Bestand eines jeden tropischen Gartens.

Der Einfluß der Gewächshäuser auf die Entstehung tropischer Gärten war weniger offensichtlich, aber nicht weniger bedeutsam. Um dies zu verstehen, muß man sich vergegenwärtigen, daß in tropischen Ländern private Ziergärten weitgehend unbekannt waren. Es stimmt zwar, daß viele Paläste und Tempel Gärten besaßen, doch sie hatten zumeist einen eher formalen, symbolischen Charakter. Dies kam darin zum Ausdruck, daß sowohl die Planzen als auch, mitunter, ihr Platz innerhalb des Gartens durch mystische Regeln vorbestimmt werden. In den hochentwickelten Städten des alten Indien ließen sich reiche Familien allerdings auch weitläufige Parks zu ihrem Vergnügen anlegen. Es gab dort blühende Bäume und Sträucher (insbesondere diejenigen, die in den Werken der Dichter gepriesen wurden) sowie, oftmals mit Springbrunnen ausgestattete, künstliche Seen und Teiche. Eine solche Gartenkultur war sonst in den Tropen jedoch kaum zu finden. In einem normalen Garten wuchsen nur wenige Pflanzen, die man wegen ihres Duftes oder der ihnen zugesprochenen glückbringenden Eigenschaften schätzte.

Die meisten Gewächse wurden lediglich wegen ihres praktischen Nutzens, also ihrer Früchte oder ihrer Heilwirkung wegen, nicht aber aus Freude an der Schönheit ihrer Blüten und Blätter, angepflanzt. Auch pflegte man bei der Anlage dieser Gärten in der Regel keinen Wert auf eine entsprechende Gestaltung zu legen. Erste Berichte von Tropenreisenden enthalten begeisterte Schilderungen der Urwaldszenerie; man wird jedoch vergeblich nach Hinweisen auf geschmackvoll angelegte Ziergärten und gepflegte Rasenflächen bei den Hütten der Eingeborenen suchen. Diese heute für Tropengärten charakteristischen Merkmale sind größtenteils europäischen Ursprungs. Sie entstanden in enger Anlehnung an die in Glashäusern geschaffenen künstlichen Tropenparadiese, zu Haus in England, Holland oder Frankreich. Kennzeichend für sie sind geschmackvoll angeordnete Gruppen von Farnen und Palmen, phantasievoll gewundene Pfade und künstliche Gewässer sowie Sträucher mit leuchtend gefärbten Blüten oder farbig gemusterten Blättern (eine Modeerscheinung des 19. Jahrhunderts).

Solche „gezähmten Dschungel", wie ein Schriftsteller sie einmal nannte, entstanden in der Regel zuerst in großen botanischen Gärten, etwa in Buitenzorg (holl.: „sorgenfrei"), in Bogor, dem Amtssitz des Generalgouverneurs von Holländisch-Ostindien, und in Singapur, wo von Anfang an große Areale für abendliche Promenaden und sonntägliche Nachmittagskonzerte angelegt wurden. Später wurden sie, in kleinerem Maßstab, von Privatleuten, zunächst Offizieren der Kolonialmächte, dann zunehmend auch von der westlich geprägten einheimischen Oberschicht, nachgeahmt. In den wenigen tropischen Ländern, die der Kolonisation entgingen (in Südostasien war dies allein Thailand), verlief diese Entwicklung allerdings langsamer. M. R. Pimsai, deren Buch „Gartenkultur in Bangkok" ein Standardwerk zu diesem Thema ist, erinnert sich an ihre Rückkehr aus England, wo sie lange Jahre studiert hatte. „Mein erster Eindruck war, daß die Gärten in Bangkok aus einem flachen, von einem Zaun umfriedeten Stück Land bestanden, an dessen Rand spillerige Obstbäume aufgereiht waren. Kräuter und Blumen wuchsen in häßlich aufgehäuften, schnurgeraden Beeten, die entfernt an Gräber erinnerten. Man legte nur Wert auf die Pflanzen, nicht aber auf eine ansprechende Gartengestaltung." Das thailändische Wort „suan", das mit „Garten" übersetzt wird, bedeutet daher in Thailand auch eher soviel wie „Obstgarten" oder „Gemüsegarten".

Heute, zwanzig Jahre nach Erscheinen des erwähnten Buches, gibt es in Bangkok eine Fülle schöner Beispiele für das, was wir heute unter einem „Tropengarten" verstehen; nämlich eine kunstvolle Mischung aus exotischen Pflanzen und, im Grunde europäischen, Konzepten der Landschaftsgestaltung. Die Gärten sind in vielen Fällen zwar sehr viel weitläufiger als die tropischen Paradiese in den Gewächshäusern des vergangenen Jahrhunderts, sie sind ihnen im allgemeinen jedoch nicht unähnlich. Moderne tropische Gärten dieser Art lassen sich weder einem speziellen Ort noch einer bestimmten Kultur zuordnen. Seit dem Beginn der Luftfahrt hat die Verbreitung von Zierpflanzen in einem solchen Maße zugenommen, daß heutzutage ständig neue Pflanzen importiert, akklimatisiert und in kürzester Zeit zur Norm werden. Als etwa das Bali Hyatt Hotel im Jahre 1973 eröffnet wurde, brauchte man Hunderte von Bäumen, Sträuchern und Bodendeckern für den weitläufigen Garten. Viele wurden aus dem nahegelegenen Singapur herbeigeschafft, andere aber aus Südamerika und von der Insel Hawaii. Heute findet man diese Pflanzen überall auf Bali, und zwar nicht nur in den Gärten, sondern auch verwildert im Urwald. 1977 erschien ein Buch über tropische Pflanzen in hawaiianischen Gärten. Von den über hundert Pflanzen, die hierfür fotografiert worden waren, war nur eine einzige auf Hawaii heimisch. Die weitaus meisten Arten waren erst relativ spät auf die Insel gekommen. Manche waren erst so kurze Zeit dort, daß die Autoren sogar die Namen der Sammler nennen konnten, die sie nach Hawaii gebracht hatten.

Der Begriff „tropisch" kann mißverstanden werden, besonders von Laien, die dabei an ständige Hitze, reichlich Regen und eine fruchtbare Erde denken. Tatsächlich variieren die Umweltbedingungen in den Tropen jedoch fast ebensosehr wie in den gemäßigten Zonen, und dies manchmal auf engstem Raum. Cibodas auf Java ist ein tropischer Garten, der aufgrund seiner Höhenlage (fast 2000 m) ein so kühles Klima besitzt, daß selbst zahlreiche Pflanzen der gemäßigten Zone dort gedeihen.

Thailand kann im Hinblick auf die dort herrschenden Temperaturen ohne weiteres als tropisches Land angesehen werden. Viele Teile des Landes bekommen aber fast ein halbes Jahr lang keinen Regen, und die Bodenbedingungen sind so vielfältig, daß man für die einzelnen Regionen jeweils eigene Gartenbücher schreiben müßte. Ein anderes Beispiel für unterschiedliche Kleinklimate auf engem Raum bieten die Wohnvororte von Honolulu. Zwischen Meeresniveau und recht ansehnlichen Höhen gibt es hier sowohl sehr feuchte als auch trockene Gebiete, die ganz unterschiedliche Anforderungen an einen Gärtner stellen.

Das vorliegende Werk führt dem Leser die Schönheit tropischer Gärten vor Augen. Es ist nicht sein Ziel, praktische Ratschläge zu erteilen – dies wäre angesichts der zuvor geschilderten Vielfalt der Tropen auch gar nicht möglich. Es möchte vielmehr zeigen, wie die Besitzer einiger tropischer Gärten die jeweils unterschiedlichen landschaftlichen Gegebenheiten, Klimabedingungen und Pflanzen kreativ genutzt haben. Nichtsdestoweniger können auch Gartenliebhaber der gemäßigten Breiten dem Buch nützliche Anregungen entnehmen, denn die Abbildungen zeigen viele interessante Details. Hierzu gehören Pflanzen (von denen viele auch weit außerhalb ihrer tropischen Heimat gedeihen), aparte Kombinationen von Farben oder Blattstrukturen, schön gestaltete Gartenwege oder auch ungewöhnliche Brunnen. Der Leser kann die Bilder ferner tropischer Gefilde aber auch ganz einfach genießen und sich von ihnen verführen lassen, den uralten und doch ewig jungen Traum vom Paradies auf Erden zu träumen.

Bizarre Luftwurzeln in einem Feigen-Hain auf Hawaii.

Tempel- und Palastgärten

Links: *Der Teich des buddhistischen Tempels von Petchburi/Thailand ist nicht nur schön, er hat auch eine praktische Funktion. Das rechts sichtbare Gebäude ist eine Bibliothek, die über dem Wasser erbaut wurde, um Manuskripte vor Termiten zu schützen.*

Rechts: *Liegende Buddha-Statue unter einem Bodhi-Baum (Ficus religiosa) nahe der alten thailändischen Hauptstadt Ayutthaya.*

Die ältesten Gärten der Tropen findet man an religiösen Stätten oder rings um die Paläste von Fürsten und Königen. Reines Streben nach Schönheit war jedoch selten der einzige Anlaß, solche Gärten anzulegen. Symbolik und Tradition beherrschten oft in entscheidender Weise sowohl die Auswahl der Pflanzen und deren genauen Platz innerhalb des Gartens als auch architektonische und dekorative Merkmale der gesamten Anlage. Nichtsdestoweniger halfen diese Gärten in den verschiedensten Kulturen ästhetische Maßstäbe zu setzen, die noch heute, zum Teil unterschwellig, viele Gartenentwürfe beeinflussen.

Seite 20: *Die Siwalai-Gärten dienten ursprünglich als Erholungspark für die im inneren Bezirk des Großen Palastes von Bangkok lebenden Frauen des Königshauses.*

Links: *Traditioneller Tempelgarten mit Lotosteich, dargestellt auf einem Wandgemälde in Bangkoks Wat Mongkut.*

Unten: *Zeremonielles Thai-Opfer. Die Speisen werden in einem Behälter aus Bananenblättern dargebracht, als Schmuck dienen Lotosblüten mit zurückgebogenen Blütenblättern sowie ein mit Jasminknospen verzierter Zweig.*

Es ist schwierig, wenn nicht gar unmöglich, sich die Gärten tropischer Tempel und Paläste im Originalzustand vorzustellen. Keiner von ihnen ist nämlich über die Jahrhunderte unverändert erhalten geblieben. In einigen Fällen sind zwar die Bauwerke noch vorhanden, die Gärten aber wurden völlig umgestaltet und mit anderen Pflanzen ausgestattet. In anderen Fällen sind von den Gebäuden nichts als vage Beschreibungen in alten Chroniken übriggeblieben. Sicher waren die dazugehörigen Gartenanlagen aber zum Teil sehr schön. Man hält sie heute für die ersten Tropengärten überhaupt. Zu ihrer Gestaltung lassen sich, obwohl nur noch spärliche Hinweise überliefert sind, einige allgemeine Anmerkungen machen.

Angesichts des Klimas ist es nicht weiter erstaunlich, daß Wasser sowohl an geheiligten Stätten als auch in den Lustgärten der Herrschenden eine wichtige Rolle spielte. In den Tempelanlagen der Hindus und Buddhisten gab es neben Teichen, Wasserbecken und Brunnen oft auch große künstliche Seen. Sie dienten zur Zierde und Kühlung oder wurden für rituelle Waschungen benutzt. Sehr häufig, etwa bei den Hindu-Tempeln von Bali, offenbarte sich in solchen Wassergärten großes handwerkliches Können, denn Wasserleitungen und Zierbrunnen waren Teile eines kunstvollen baulichen Gesamtkonzepts. Die Wasserbecken hatten bisweilen die Form vertrauter religiöser Symbole. Ein bekanntes Beispiel hierfür ist ein Brunnen in Anuradhapura, der alten Hauptstadt Sri Lankas. Er hat die Gestalt einer

Links: *B*odhi-Baum auf einer der Terrassen der Shwedagon-Pagode in Rangun.

Rechts oben: *D*iese Steinfigur in Goa Gajah, der ‚Elefantenhöhle' auf Bali, einer religiösen Stätte aus dem 11. Jahrhundert, dient als Brunnen.

Rechts unten: *D*er Lotosteich von Anuradhapura, Sri Lankas alter Hauptstadt.

Tirta Empul (10. Jahrhundert), eine der heiligsten Stätten von Bali. Das Wasser entspringt der ‚Quelle der Unsterblichkeit'. Indem sie Stellen außergewöhnlicher landschaftlicher Schönheit als heilig verehrten und sie zu Gärten machten, ist es den Balinesen gelungen, nicht nur ihre Umwelt zu erhalten, sondern auch ihre Insel zu einer der schönsten der Erde zu machen.

riesigen Lotosblüte, wobei die Blütenblätter als Stufen zum Mittelpunkt des Brunnens hinabführen.

Religiöse Symbolik spielte auch bei der Wahl der Pflanzen für solche Gärten eine wichtige Rolle: Man legte besonderen Wert auf Bäume und Sträucher, die irgendeine religiöse Bedeutung erlangt hatten. Am meisten schätzte man im tropischen Asien verschiedene Arten der Gattung *Ficus* (Feige); insbesondere natürlich *Ficus religiosa*, den Bodhi- oder Bobaum, unter dem der Überlieferung zufolge Buddha erleuchtet worden sein soll. Auch heute noch schreiben die Buddhisten, aber auch die Hinduisten und Anhänger zahlloser animistischer Naturreligionen, Bäumen der Gattung *Ficus* mystische Eigenschaften zu. Sie verehren diese Bäume als Aufenthaltsorte übernatürlicher Mächte. In alten wie in neu angelegten Tempelgärten nimmt daher ein Feigenbaum fast immer eine Sonderstellung ein. Oft gibt es in seiner Nähe sogar einen Schrein oder Altar, auf dem Opfergaben dargebracht werden können. Ist der Baum krank, so wird er, auch wenn er bereits hochbetagt ist, von Fachleuten sorgfältig gepflegt. So nimmt es auch nicht wunder, daß der vermutlich älteste Baum dieser Erde (soweit sich das historisch belegen läßt) ein Bodhibaum in Anuradhapura ist. Über ihn gibt

es Aufzeichnungen, seitdem er im Jahre 288 vor Christi Geburt als Keimling von Indien nach Sri Lanka gebracht wurde.

Fast ebenso bedeutend wie *Ficus* ist *Nelumbo nucifera,* die Lotosblume. Sie symbolisiert Fruchtbarkeit, Wohlstand und Vollkommenheit ebenso wie die Vergänglichkeit des Menschenlebens. Lotos gedeiht nicht nur in tropischem, sondern auch in gemäßigtem Klima und ist von Indien bis nach Japan in der Umgebung religiöser Stätten anzutreffen. Die Pflanze wächst in Seen und Zierteichen, großen Wasserbehältern und -gräben und ist seit jeher ein beliebtes Motiv in Kunst, Kunsthandwerk und Architektur.

Der Pagodenbaum oder Frangipani *(Plumeria)* ist dekorativer als *Ficus religiosa.* Er stammt aus dem tropischen Amerika und wird schon seit mindestens zwei Jahrhunderten in Asien kultiviert. In Indien mancherorts als „Tempelbaum" bekannt, ist er häufig auf muslimischen Friedhöfen sowie in

Links: *Die Pfähle, die diesen Bodhi-Baum umgeben, sind sowohl Opfergaben als auch Stützen, die verhindern sollen, daß die Äste des heiligen Baums abbrechen.*

Seiten 24 und 25: *Balinesische Opfergaben, allgemein als ‚banten' bezeichnet, gibt es in einer großen Vielfalt von Formen, Farben und Materialien, wie auf den hier gezeigten Bildern zu sehen ist. Sowohl die Farbe als auch die Anzahl der Blüten und die Form der Opfergabe haben symbolische Bedeutung. Die unten auf dieser Seite gezeigten ‚banten' werden ‚jejaitan' genannt. Sie bestehen aus zurechtgeschnittenen und geflochtenen Palmblättern.*

Oben: *In der klassisch-balinesischen Malerei spielen Pflanzen eine wichtige Rolle. Dies zeigen auch diese Wandgemälde aus dem Palast von Klungkung.*

den Gärten buddhistischer Klöster anzutreffen. Dies mag dazu geführt haben, daß man sich bisweilen scheute, ihn auch in Privatgärten anzupflanzen. In Thailand ist diese Scheu allerdings wohl mehr sprachlich als religiös bedingt. Der einheimische Name des Baumes, „Lamtom", klingt nämlich ähnlich wie „Ra-tom", der thailändische Begriff für „Sorge"; daher glaubte man, der Baum bringe Kummer.

Arten der in Südostasien (von Indien bis Malaysia) verbreiteten Gattung *Saraca* wurden ebenfalls in vielen Tempelgärten als Schattenspender und wegen der Schönheit ihrer gelben, orangefarbenen und roten Blüten angepflanzt. Der Asokabaum *(Saraca indica)* unter dem der Legende nach Buddha geboren worden sein soll, wird auch heute noch von Hindus und Buddhisten gleichermaßen verehrt. Verschiedene Arten von *Brownea*, mit großen roten und rosafarbenen Blütenständen, sowie eine Anzahl von duftenden Sträuchern und Schlingpflanzen, darunter Jasmin und *Michelia alba*, waren ebenfalls beliebt, teils wegen ihres Duftes, teils weil aus ihren Blüten religiöse Opfergaben angefertigt wurden.

Wie in den Tempelgärten spielten künstlich angelegte Gewässer auch in den Gärten der Paläste eine bedeutsame Rolle. Der auch als „Wasserschloß" bekannte Taman Sari, in den sich die Sultane von Yogyakarta auf Java zur Erholung zurückzogen, war solch ein einfallsreich gestaltetes Wasserlustschloß. Umgeben von einem breiten Wassergraben, enthielt die Anlage unzählige Kanäle, Teiche, Aquädukte und intim angelegte Schwimmbek-

Oben: *Der Kraton (Sultanspalast) von Yogyakarta. Durch die offene Bauweise des Palastes wurden die Gärten und Teiche in das höfische Leben einbezogen.*

Links: *Die Schwimmbecken in Tirtagangga, wörtlich übersetzt „Gangeswasser", sind Teil eines früheren balinesischen Palastes. Sie erfreuen sich bei den Kindern großer Beliebtheit.*

ken. In Klungkung auf Bali besaß der Puri Smarapura (Palast des Liebesgottes) einen See, dessen Wasser aus den Mäulern steinerner Tierstatuen hervorsprudelte. In der Mitte des Sees befand sich ein anmutiger, mit Dekkengemälden geschmückter Pavillon. Auch in Tirtagangga („Wasser des Ganges") gibt es ein ausgedehntes Netz einst prächtiger Teiche und Brunnen, das sich heute bei der Jugend großer Beliebtheit als Badeplatz erfreut.

Die Pflanzen, die in den Gärten der Fürsten und Könige wuchsen, waren die gleichen wie in den Tempelgärten, mit Ausnahme von *Ficus religiosa*. Besonders beliebt waren Bäume und Sträucher mit duftenden Blüten, vor allem dann, wenn Dichter sie in ihren Werken besungen hatten. Hierzu gehörten der Asokabaum *(Saraca indica)*, *Michelia alba* und der Jasmin. In vielen Gärten wuchsen auch Kräuter, Obst-, Gemüse- und Heilpflanzen. Dazu kamen Pflanzen, deren Blüten für die kunstvollen rituellen Opfergaben (oft eine Spezialität der Hofdamen) bestimmt waren. Der Symbolgehalt eines Gewächses war ebenfalls von Bedeutung. Im Garten des Kraton (Sultanspalast von Yogyakarta) wurde sowohl die Wahl der Pflanzen als auch der jeweilige Ort, an dem sie wachsen sollten, durch ein kompliziertes, für den Außenstehenden ziemlich undurchschaubares System festgelegt. Es leitete sich von dem jeweiligen Namen der Pflanze ab und sollte dazu dienen, abstrakte Begriffe wie

27

Teilansicht der zum Großen Palast von Bangkok gehörenden Siwalai-Gärten. An den Wegen dieses privaten, nur für die königliche Familie zugänglichen Gartens stehen gestutzte Sträucher; unter ihnen auch Ixora.

„Hoffnung", „Jugend" und „gegenseitiges Verständnis" darzustellen. Die „weltlichen" Gärten wurden eher als die Tempelgärten von neuzeitlichen Strömungen erfaßt. Heute gibt es, wenn überhaupt, nur noch wenige Gärten, die ihr ursprüngliches Gesicht bewahrt haben. Bemerkenswert ist der Siwalai-Garten des Großen Palastes in Bangkok. Er diente der ansehnlichen Schar königlicher Frauen und Kinder zur Erholung. Der Palast selbst wurde

zwischen 1782 und 1785 als Nachbildung eines Palastes der früheren Hauptstadt Ayutthaya erbaut. Sowohl das Gebäude als auch der Garten wurden in dem darauf folgenden Jahrhundert jedoch stark verändert.

Unter dem zweiten König der Bangkok-Dynastie wurde der Siwalai-Garten von einem großen See mit mehreren Inseln beherrscht, auf denen es chinesische Pavillons und ein kleines Theater gab, in dem klassische Thai-

Links: *Königlicher Thronsaal und Pavillon des Großen Palastes. Die gestutzten Sträucher waren, so nimmt man an, während der Sukhothai-Periode (14. und 15. Jahrhundert) ein charakteristisches Merkmal thailändischer Tempel- und Palastgärten.*

Dramen aufgeführt wurden. Der dritte König, ein frommer Buddhist, verabscheute weltliche Vergnügungen. Er ließ daher die Lustpavillons abreißen. Nur einige der chinesischen Statuen blieben im Garten als Zierde erhalten. Unter König Rama IV. wurde dann der ursprüngliche Zustand des Gartens teilweise wiederhergestellt. Der König ließ zudem eine eigene, mit grauem Marmor verkleidete Kapelle im klassischen Thai-Stil errichten. Die heutige Gartenanlage entstand größtenteils unter dem fünften Herrscher. Sie besteht aus einer großen rechteckigen Fläche, an deren Enden das im westlichen Stil erbaute *Baromphiman Mansion* sowie ein klassisches Thai-Gebäude aus dem Jahre 1879 stehen. Letzteres beherbergt die Statuen früherer Könige. Im Mittelpunkt der Anlage befindet sich die erwähnte Kapelle König Ramas IV. Zahlreiche Pagodenbäume schmücken den Rasen, und die Gartenwege sind von duftenden Büschen gesäumt. Viele von ihnen sind Formschnittgehölze. Sie weisen die für klassische Thai-Gärten typischen geometrischen Formen auf. Der während großer Teile des 19. Jahrhunderts recht bedeutende chinesische Einfluß auf die Kultur Thailands kommt in den steinernen Zierfiguren und den beiden Mondtoren zum Ausdruck, die durch eine Mauer in den ehemaligen Frauentrakt führen.

Es gibt in Bangkok noch einen weiteren königlichen Garten. Er umgibt den ganz aus Teakholz erbauten Vimarn Mek-Palast. Das Gebäude wurde

Rechts: *Hochaufragende Königspalmen (Roystonea) in den Siwalai-Gärten. Auf dem Rasen stehen chinesische Steinfiguren, die Anfang des 19. Jahrhunderts als Gartenschmuck in Mode kamen. Heimkehrende Handelsschiffe brachten sie damals in großer Zahl nach Thailand.*

Blick in den Garten des Vimarn-Mek-Palastes. Der größte Teil des Geländes wurde 1982 während der Restaurierung des Palastes neu gestaltet.

1900 von König Rama V. erbaut und von Königin Sirikit zur 200-Jahr-Feier des Königshauses restauriert. Die heutige Bepflanzung setzt sich zusammen aus dem ursprünglichen Baumbestand und hinzugefügten Zierpflanzen – zumeist Sträuchern und Einjährigen, die während der Restaurierungsarbeiten eingesetzt wurden. Die höchsten Bäume des Anwesens sind in Thailand heimische Angehörige der Flügelfruchtgewächse (Dipterocarpaceae). Bäume dieser Familie liefern ein hochgeschätztes hartes Holz, das unter anderem zur Herstellung von Möbeln verwendet wird. Ebenfalls in Thailand heimisch sind *Vatica scortechini* und *Ochrocarpus siamensis*, beides Bäume mit kleinen, aber wohlriechenden Blüten, von denen der letztere in Thailand seit altersher als Heilpflanze geschätzt wird. Eine Anzahl von Obstbäumen, unter ihnen Mangobäume, Tamarinden, Annonen und Jackfruchtbäume, bringen die alte thailändische Philosophie zum Ausdruck, daß selbst ein königlicher Garten nicht nur schön, sondern darüber hinaus nützlich sein sollte.

Oben: *E*uropäische Statue in einem Pavillon am Eingang des Vimarn Mek.

Unten: *S*träucher mit schönen Blüten und farbig gemusterten Blättern vor einem der im Palastgarten stehenden Gebäude.

Botanische Gärten in den Tropen

Rechts: *Begonien und andere Zierpflanzen, die in einem Glashaus des berühmten Peradeniya-Gartens auf Sri Lanka zur Schau gestellt werden.*

Seite 34: *Im Lyon-Arboretum auf Hawaii haben Zierpflanzen aus aller Welt in einer üppig-natürlichen Umgebung eine neue Heimat gefunden.*

*D*ie in den Tropen entstandenen botanischen Gärten hatten zunächst nur die Aufgabe, neu entdeckte, wirtschaftlich interessante Nutzpflanzen zu erforschen. Bald spielten sie aber auch eine wichtige Rolle bei der Züchtung und weltweiten Verbreitung von Zierpflanzen. Es nimmt daher nicht wunder, daß tropische botanische Gärten heute zumeist eine Mischung aus wissenschaftlich betreuten botanischen Sammlungen und ästhetisch gestalteten Ziergärten sind. Oft haben sie unverkennbar europäische Züge, beispielsweise charakteristische künstliche Seen und ausgedehnte Rasenflächen, stimmungsvolle Gartenwege und üppige Rabatten mit tropischen Zierpflanzen. Der Besucher kann sich hier erholen und zugleich Anregungen für die Gestaltung seines eigenen Gartens sammeln.

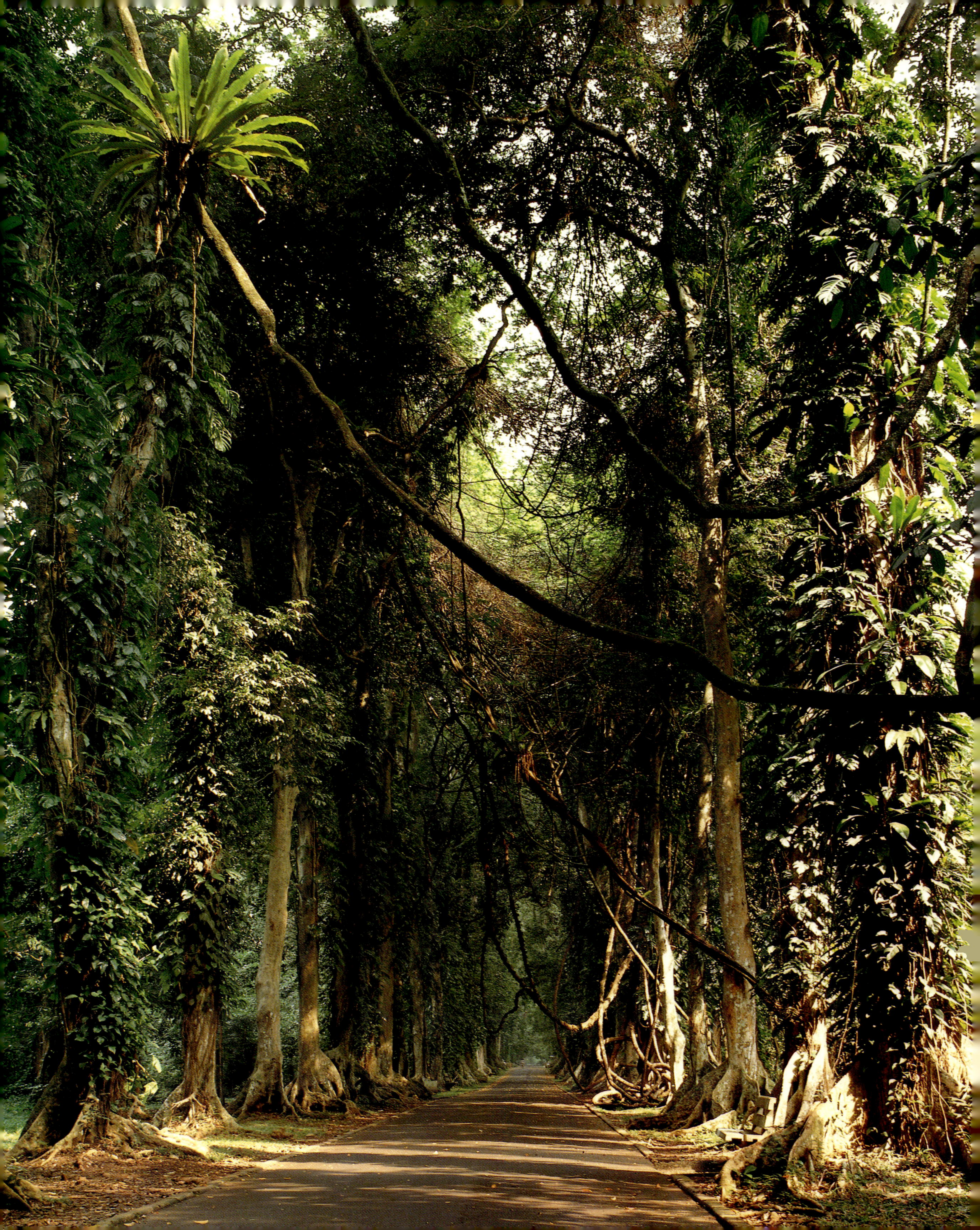

Rechts: *Das Denkmal, das Thomas Stafford Raffles seiner Frau Olivia errichten ließ, die während seiner kurzen Amtszeit als Gouverneur von Java in Bogor starb.*

Seite 36: *Eine von Canarium-Bäumen gesäumte Allee im Garten Kebun Raya (Java). Die Stämme der Bäume sind dicht mit Kletterpflanzen und Epiphyten bewachsen. Im 19. Jahrhundert hielt ein Besucher diese Allee für die „schönste der Welt".*

Der erste botanische Garten der Tropen wurde 1735 auf der im Indischen Ozean gelegenen Insel Mauritius angelegt. Sein Name war Pamplemousse. Ihm folgten bald zahlreiche weitere Gärten, als europäische Mächte in aller Welt immer neue Kolonien in Besitz nahmen. So entstand ein Netzwerk botanischer „Niederlassungen", das sich von den Westindischen Inseln bis nach Südostasien erstreckte. Fast alle dieser Neugründungen dienten ursprünglich rein wirtschaftlichen Zwecken. Hier wurden neuentdeckte Pflanzen auf ihre Nutzbarkeit hin untersucht, wobei ein überwältigender Erfolg zu verzeichnen war. Pamplemousse half beispielsweise, die für Mauritius lebenswichtige Zuckerindustrie aufzubauen, und dem botanischen Garten von Singapur ist es zu verdanken, daß der Kautschukbaum nach Malaysia gelangte. Gleichzeitig sorgten botanische Gärten dafür, daß sich unzählige Pflanzen aus allen Teilen der Erde an die jeweiligen Standortbedingungen gewöhnten. Da sie jedoch nicht nur der wissenschaftlichen Forschung, sondern auch der Erholung dienten, wurden die botanischen Gärten bald auch richtungweisend für die Gestaltung moderner tropischer Gärten.

Einer der ältesten und berühmtesten botanischen Gärten Asiens ist Kebun Raya in Bogor auf Java. Bogor liegt nur 260 m über dem Meeresspiegel am Hang des Salak, erfreut sich aber eines wesentlich kühleren Klimas als die 54 km nördlich gelegene Hauptstadt Djakarta. Dies bewog den holländischen Generalgouverneur Gustaaf von Imhoff, sich dort 1744 ein Sommerhaus errichten zu lassen. Er nannte es Buitenzorg („Sorgenfrei"), und diesen Namen behielt es auch während der folgenden zwei Jahrhunderte holländischer Herrschaft. Während dieser Zeit wurde das Haus des Barons allerdings durch ein viel größeres, mit weißen Säulen geschmücktes

Gebäude ersetzt, das von 1870 bis 1942 dem Generalgouverneur von Niederländisch-Indien als offizielle Residenz diente.

Die Idee, auf dem Gelände von Buitenzorg einen botanischen Garten anzulegen, stammte allerdings nicht von den Niederländern. Von 1811 bis 1816 hielten nämlich die Engländer, als Folge der Napoleonischen Kriege, die Insel Java besetzt. Ihr offizieller Vertreter war Thomas Stamford Raffles, der später als Gründer von Singapur Berühmtheit erlangen sollte. Als eifriger Amateurbotaniker war er von dem großen Wert der *economic gardens* (Gärten, die wirtschaftlichen Interessen dienten) überzeugt und erkannte, daß Bogor hierfür ein idealer Platz war. Bisweilen wird ihm auch der Entwurf des Kebun Raya zugeschrieben, der jedoch von Prof. C. G. L. Reinwardt aus Kew und seinen beiden Assistenten stammt. Der Garten wurde 1817, ein Jahr nachdem Raffles Java verlassen hatte, offiziell eröffnet.

Baum- und Nestfarne gedeihen gut in der kühlen Höhenluft von Cibodas, einer Außenstelle des Kebun Raya.

Oben: *A*uf den knorrigen Stämmen der hundertjährigen Bäume in Bogor wachsen Aufsitzerpflanzen (Epiphyten).

Unten: *V*ictoria amazonica in einem Teich des Kebun-Raya-Gartens.

*B*aumfarne (Cyathea) *in einem der nebligen Täler von Cibodas. Der in einer Höhe von nahezu 2000 Metern gelegene Garten erhält ungewöhnlich hohe Niederschlagsmengen.*

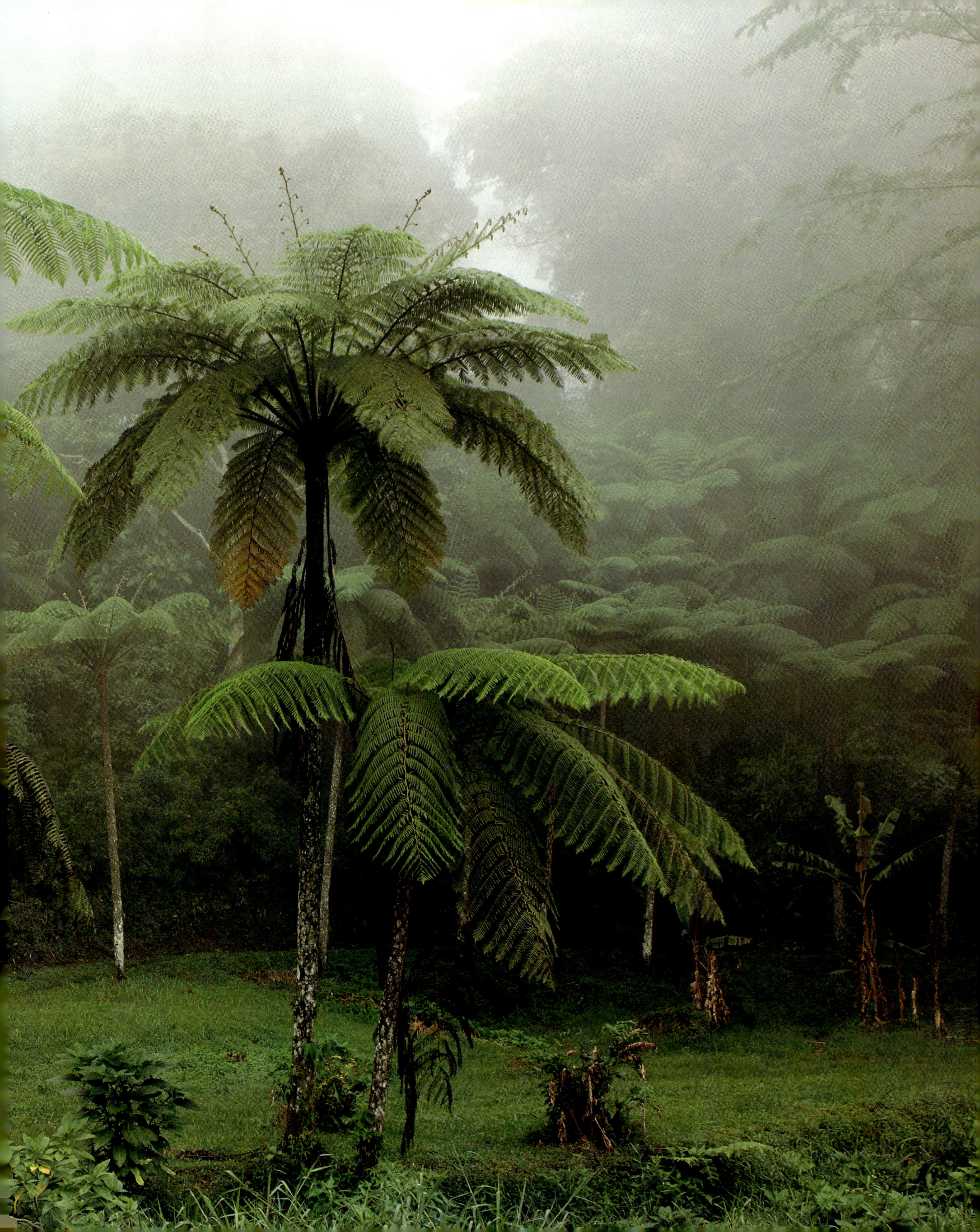

Nach ihrer Rückkehr übernahmen die Niederländer Kebun Raya. Sie erweiterten und vervollkommneten die Anlage so, daß sie am Ende des Jahrhunderts den Ruf genoß, eine der umfangreichsten und erlesensten Sammlungen tropischer Pflanzen zu besitzen. In diesem Garten wurden auch wichtige Forschungsarbeiten über Nutzpflanzen wie Tee, Maniok, Tabak, die Ölpalme und den Chinarindenbaum durchgeführt, die nicht unwesentlich zum Reichtum Indonesiens beitrugen. Die den Regierungspalast umgebende Anlage erlangte darüber hinaus als gelungen angelegter Park Berühmtheit. Sie war Treffpunkt der Spitzen der Kolonialgesellschaft, die in der Umgebung wohnten und hier Erholung suchten. Besonders eindrucksvoll war die Hauptallee, die von hochaufragenden Bäumen der Gattung *Canarium* gesäumt war und von einem der Besucher als „schönste Allee der Welt" gepriesen wurde. Die Stämme der Bäume waren bedeckt mit Nest- und Geweihfarn, *Philodendron* (der wie viele andere Zierpflanzen über Bogor nach Südostasien gelangt ist) sowie epiphytisch lebenden Orchideen. Unter ihnen befand sich eine riesige *Grammatophyllum*-Art, die während einer Blühperiode bis zu dreitausend Blüten treiben kann. Am Palast und anderenorts gab es weitläufige Rasenflächen sowie die in Europa so beliebten Blumenrabatten. Sie waren mit einer Fülle tropischer Zierpflanzen bepflanzt, die den Betrachter sowohl durch ihre Blütenpracht als auch durch ihr farbig gemustertes Laub begeisterten.

Heute gibt es in Kebun Raya schätzungsweise 15.000 Pflanzen, darunter allein über 5.000 Orchideen. Ein Teil des achtzig Hektar großen Geländes ist als ursprünglicher Regenwald erhalten geblieben, während andere Flächen Spezialsammlungen von Farnen, Kakteen und Heilpflanzen sowie

Oben: *Ein im englischen Stil gestalteter Teil des Botanischen Gartens von Penang.*

Seite 42: *Blütenstand eines Palmfarns im Foster Botanic Garden in Honolulu (oben rechts); Blütenstand eines Tohabaums* (Amherstia nobilis, *Mitte rechts*), *den viele für den schönsten blühenden Baum halten; Blüten des Kanonenkugelbaums (unten rechts); Am Stamm hängende Früchte des Kanonenkugelbaums* (Couroupita guianensis, *unten links*).

Palmen und Bambus vorbehalten sind. Auf den Rasenflächen am Palast weidet zahmes Rotwild, das ursprünglich dazu bestimmt war, die Niederländer mit frischem Wildbret zu versorgen. Beiderseits der Königin-Astrid-Allee findet der Besucher außerdem ein weitläufiges Erholungsgelände. Dessen Beete sind mit vielfarbigem Blumenrohr (Canna) und Zierbäumen bepflanzt, zu denen auch der aus Birma stammende Tohabaum (Amherstia nobilis) gehört, der oft als schönster Blütenbaum der Erde gepriesen wird.

Oberhalb von Bogor, in 2000 Metern Höhe, liegt Cibodas, eine Außenstelle von Kebun Raya. Sie wurde 1889 für Pflanzen aus kühleren Regionen eingerichtet. Gestaltung und Atmosphäre des Gartens sind ausgesprochen europäisch. Es gibt riesige Rasenflächen sowie zahlreiche Büsche und Bäume, die eher der gemäßigten Zone als den Tropen angehören – manche von ihnen wurden sogar aus Südafrika und Australien hierhergebracht. Dank der außerordentlich hohen Niederschläge ist Cibodas auch reich an Farnen. Zu den Besonderheiten dieses Gartens gehören neben zahlreichen kleineren Farnarten ganze Wälder hoch aufragender Baumfarne.

Ähnlich wie Indonesien, bot auch Sri Lanka ausgezeichnete Voraussetzungen für die Anlage botanischer Gärten. Sir Joseph Banks, der Direktor

*D*ie Häuser der Gartenaufseher von Pamplemousses.

Seite 44: *Blick auf einen Teil der großen Palmensammlung von Pamplemousses.*

Oben: *Ein Seerosenteich in Pamplemousses, dem ältesten botanischen Garten der Tropen.*

des Botanischen Gartens von Kew, äußerte als erster diesen Gedanken, als die Engländer die Insel Anfang des 19. Jahrhunderts einnahmen. Nach einem ersten Versuch in der Nähe von Colombo wurde der Garten 1821 in die Königsstadt Kandy verlegt und wurde dort unter dem Namen Peradeniya eine große Sehenswürdigkeit. Seine Berühmtheit beruht zum einen auf seinen Erfolgen bei der Erforschung und Züchtung von Nutzpflanzen (er half, den Assam-Tee zu züchten, der heute Sri Lankas wichtigster Exportartikel ist), zum anderen auf der Schönheit seiner Zierrasen und baumgesäumten Wege. Während des 2. Weltkriegs richtete übrigens Lord Mountbatten gegen die Einwände einige seiner Mitarbeiter sein Kriegshauptquartier in diesem Garten ein. Er nannte ihn „den vielleicht schönsten Ort auf dieser Erde und einen herrlichen Arbeitsplatz".

Wie Bogor verdankt auch Singapur seinen berühmten botanischen Garten Thomas Stamford Raffles. Dieser hatte bald nach seiner Ankunft im Jahre 1819 auf dem Regierungshügel *(Government Hill)* einen Park aus Ziersträuchern, Gewürznelken- und Muskatnußbäumen anpflanzen lassen. Der Versuch scheiterte allerdings, doch 1859 wurde ein neuer, weitläufiger

Garten, der in erster Linie der Erholung dienen sollte, von einer privaten Gesellschaft im Tanglin-Distrikt angelegt. Wege, Promenaden sowie ein künstlicher See entstanden dort, und an Sonntagnachmittagen spielte eine Regimentskapelle. Schließlich überstiegen die Schulden der Gesellschaft jedoch ihre Einnahmen. 1875 ging der Garten daher in das Eigentum der Regierung über und wurde schließlich doch zu dem botanischen Forschungszentrum, das Raffles geplant hatte.

Das größte Verdienst des botanischen Gartens von Singapur besteht darin, daß er den Kautschukbaum als Nutzpflanze in Malaysia einführte. Diese Leistung wiederum ist in erster Linie der Zielstrebigkeit des damaligen Direktors Henry Nicholas Ridley zu verdanken, der eine neue Methode

Die Orchideen-Abteilung des Botanischen Gartens von Singapur. Die Abb. auf Seite 47, unten rechts, stammt ebenfalls von dort.

Eine Vanda-*Hybride; zu dieser Orchideengattung gehört auch ‚Miss Joachim', eine Kreuzung natürlichen Ursprungs, die heute die Nationalblume Singapurs ist.*

Arundina, eine der wichtigsten Schnittblumen von Singapur.

Dendrobium ‚Madame Pompadour', eine Orchidee, die heute in großen Mengen exportiert wird.

Paphiopedilum, eine der vielen am Boden wachsenden Orchideen.

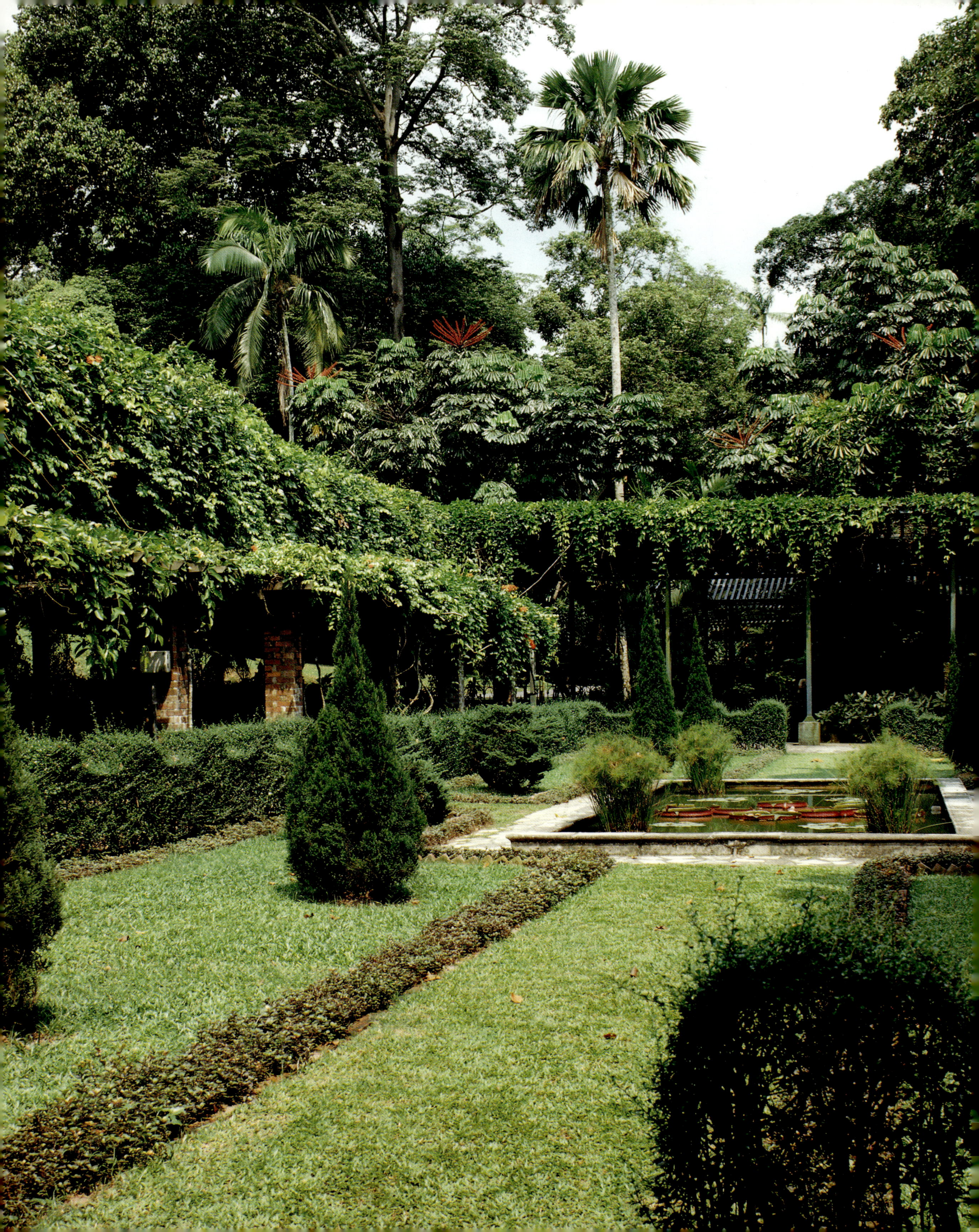

Links: *Dekorative Schling- und Kletterpflanzen überwuchern die Spaliere, die diesen geometrisch angelegten Hof im Botanischen Garten von Singapur umgeben.*

Oben: *Der Musikpavillon, eines der ältesten Gebäude im Botanischen Garten von Singapur.*

Unten: *Eine Laube am Eingang zum Dschungelgarten, in dem überwiegend einheimische Pflanzen wachsen.*

zum Anzapfen der Bäume entwickelt hatte. Sein vehementer Einsatz für den Kautschukbaum *(Hevea brasiliensis)*, der anstelle von Kaffeesträuchern auf den Plantagen angebaut werden sollte, brachte ihm bei den Pflanzern den Beinamen „Ridley, der Verrückte" ein. Die Pflanzen, mit denen er arbeitete, waren übrigens die Nachkommen von nur elf Keimlingen, die man in Kew aus brasilianischen Samen herangezogen hatte.

Während Ridley und andere sich anschickten, die Wirtschaft der Region auf eine neue Basis zu stellen, blieb der botanische Garten von

Keulenlilien oder Ti-Pflanzen (wie sie auf Hawaii genannt werden) verleihen diesem Teil des Lyon-Arboretums mit ihren bunten Blättern leuchtende Farbakzente. Wegen ihrer lebhaften Farben werden die Blätter der Keulenlilien auch in beträchtlichen Mengen für Blumengebinde exportiert.

Seite 52/53: *Blick in das Lyon-Arboretum. Rechts sind die gemusterten Blätter einer Zwergfeigenart zu sehen.*

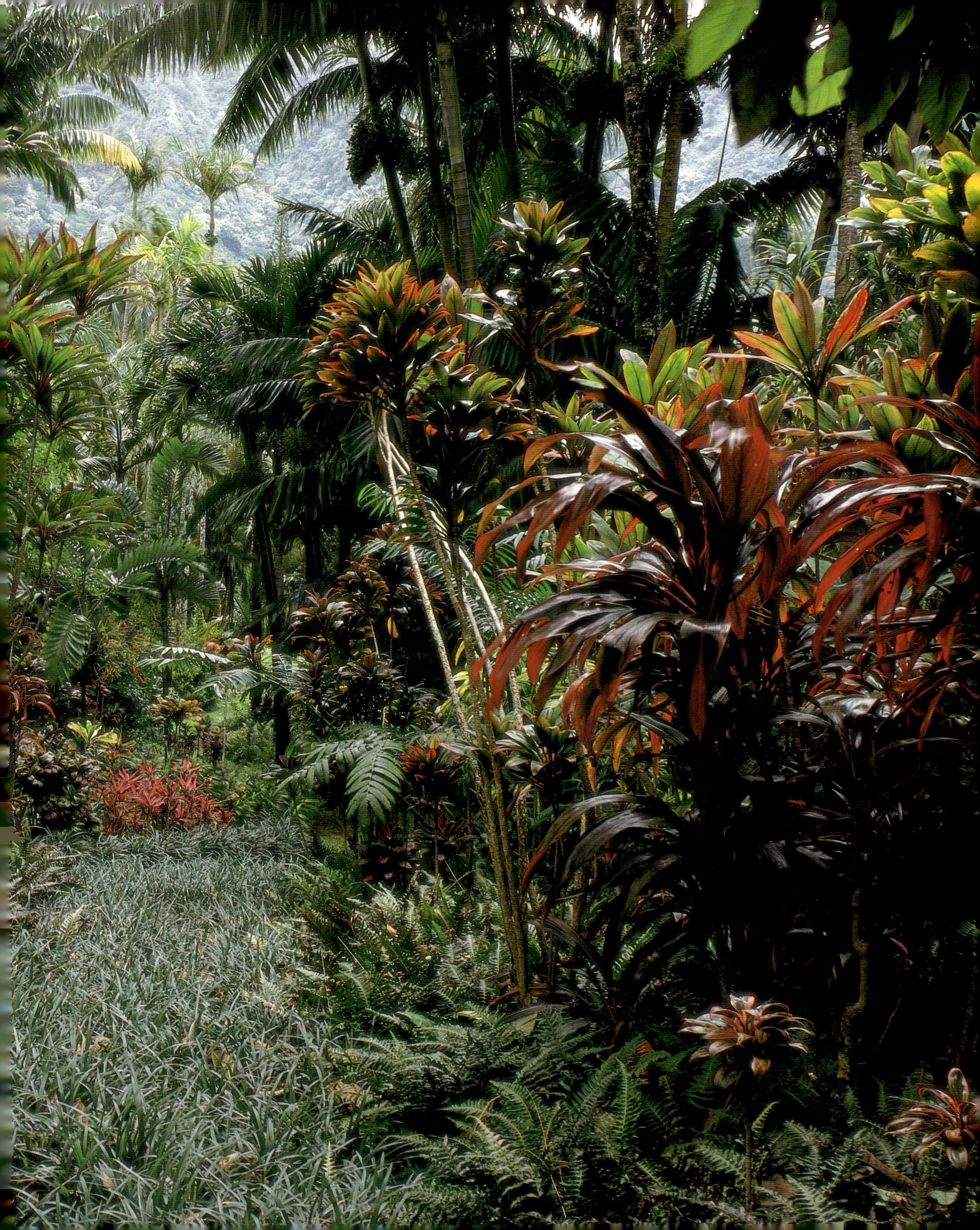

Singapur doch das Erholungsgebiet, das er nach dem Willen seiner Gründer sein sollte. Über ihn kamen zahllose Orchideen sowie Ziersträucher und -bäume ins Land. Sogar während der japanischen Besetzung konnten zwei englische Botaniker ihre Arbeit im Garten fortsetzen. Ihnen blieb so das Gefangenenlager erspart. Seitdem die ehemalige Kolonie unabhängig ist, haben sich allerdings auch die Aufgaben des botanischen Gartens gewandelt. Es gilt nun nicht mehr allein, das rund 34 Hektar große Gelände des Gartens zu pflegen, sondern auch, die ehrgeizigen Ziele des Premierministers Lee Kuan Yew in die Tat umzusetzen. Seinem Willen zufolge soll Singapur zu einer „Gartenstadt" mit schönen, gärtnerisch gestalteten Straßen und öffentlichen Parks werden.

Ein weiterer von den Engländern in dieser Region begründeter Garten befindet sich auf der Insel Penang (Malaysia). Der aus dem Jahr 1884 stammende „Garten des Wasserfalls" ist heute ein beliebter Freizeitpark; als Forschungszentrum erlangte er jedoch nie die Berühmtheit, die dem botanischen Garten von Singapur beschieden war.

Auch Hawaii, Amerikas tropischer Inselstaat, kann eine ganze Reihe bemerkenswerter Pflanzensammlungen aufweisen. Da die Inseln als brodelnde Lavamasse aus dem Meer aufgestiegen sind (ein Prozeß, der noch andauert), gibt es auf Hawaii jedoch keine im strengsten Sinne „einheimische" Vegetation. Alle Pflanzen, die man heute dort antrifft, sind irgendwann auf irgendeine Weise von außen auf die Inseln gelangt. Die ersten Siedler waren Polynesier. Mit ihnen kamen Nutzpflanzen wie die Kokospalme, der Brotfruchtbaum, der Bambus und die Banane. Zierpflanzen aus allen Teilen der Erde kamen erst viel später hinzu. Sie wurden überwiegend von Gärtnern und privaten Sammlern ins Land gebracht. Einige der schönsten botanischen Gärten Hawaiis sind daher auch aus Privatsammlungen hervorgegangen und haben ihren ursprünglichen Charakter noch weitgehend erhalten. Ein Beispiel hierfür ist der Foster-Garten, der nun in der Innenstadt von Honolulu liegt. Er wurde Mitte des 19. Jahrhunderts von einem deutschen Arzt angelegt, der ihn dann 1867 an Kapitän Thomas Foster und dessen Ehefrau verkaufte. 1930 ging der Garten, der heute eine Fläche von etwa acht Hektar bedeckt, in den Besitz der Stadt über und wurde ein Teil des botanischen Gartens von Honolulu, zu dem noch zwei weitere Sammlungen auf der Insel Oahu gehören. Siebenundzwanzig Jahre lang war Dr. Harold Lyon, ein bekannter Orchideenspezialist, Direktor des Foster-Gartens. Ihm ist es zu verdanken, daß über 10.000 Zierbäume und andere Pflanzen nach Hawaii kamen. Das jetzt zur Universität Honolulu gehörige Lyon-Arboretum auf Manoa ist ein lebendes Denkmal für seine gärtnerischen Verdienste. Auf einem Gelände, das neben freien Flächen auch dicht bewachsene Urwaldtäler und verschiedene Anhöhen umfaßt, wurde hier eine eindrucks-

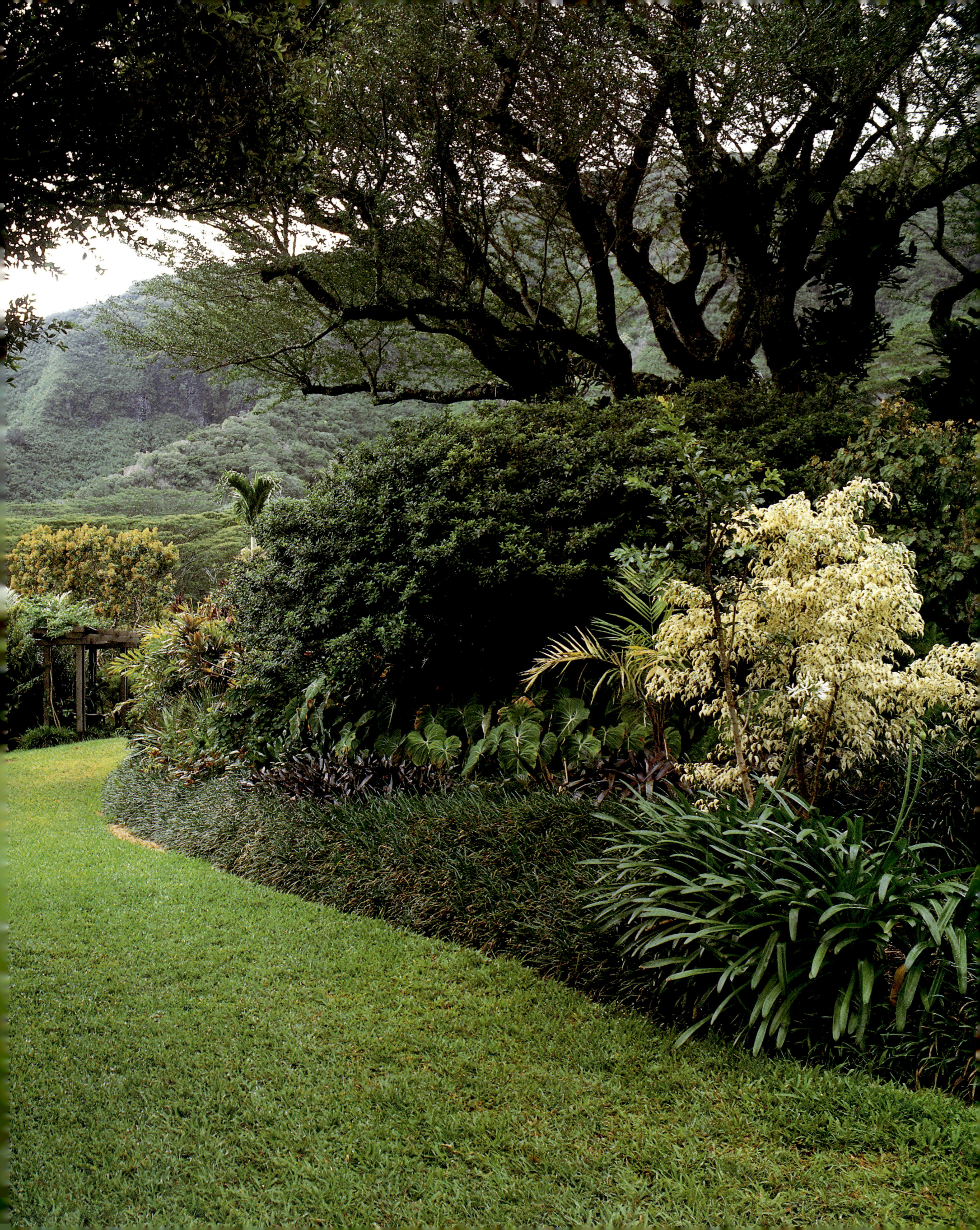

volle Sammlung exotischer Gewächse zusammengetragen. In den verschiedenen Teilen des Gartens dominieren jeweils ganz bestimmte Pflanzen – Keulenlilien, Ingwergewächse, Heliconien, Bromelien, Aronstabgewächse oder Farne. Die Hauptaufgabe des Arboretums besteht darin, die Besucher mit den verschiedensten Zierpflanzen und deren Verwendung im Garten vertraut zu machen.

Links oben: *Eine in Süd- und Mittelamerika heimische Kostwurz-Art* (Costus).

Links unten: *Blühende Bromelien im Lyon-Arboretum.*

Rechts: *Ein ‚Dschungelpfad' im Lyon-Arboretum, an dessen Rändern verschiedene Zierpflanzen in die ursprüngliche Vegetation eingefügt wurden. Rechts oben ist eine blühende* Medinilla magnifica *zu erkennen; unter ihr wächst* Impatiens.

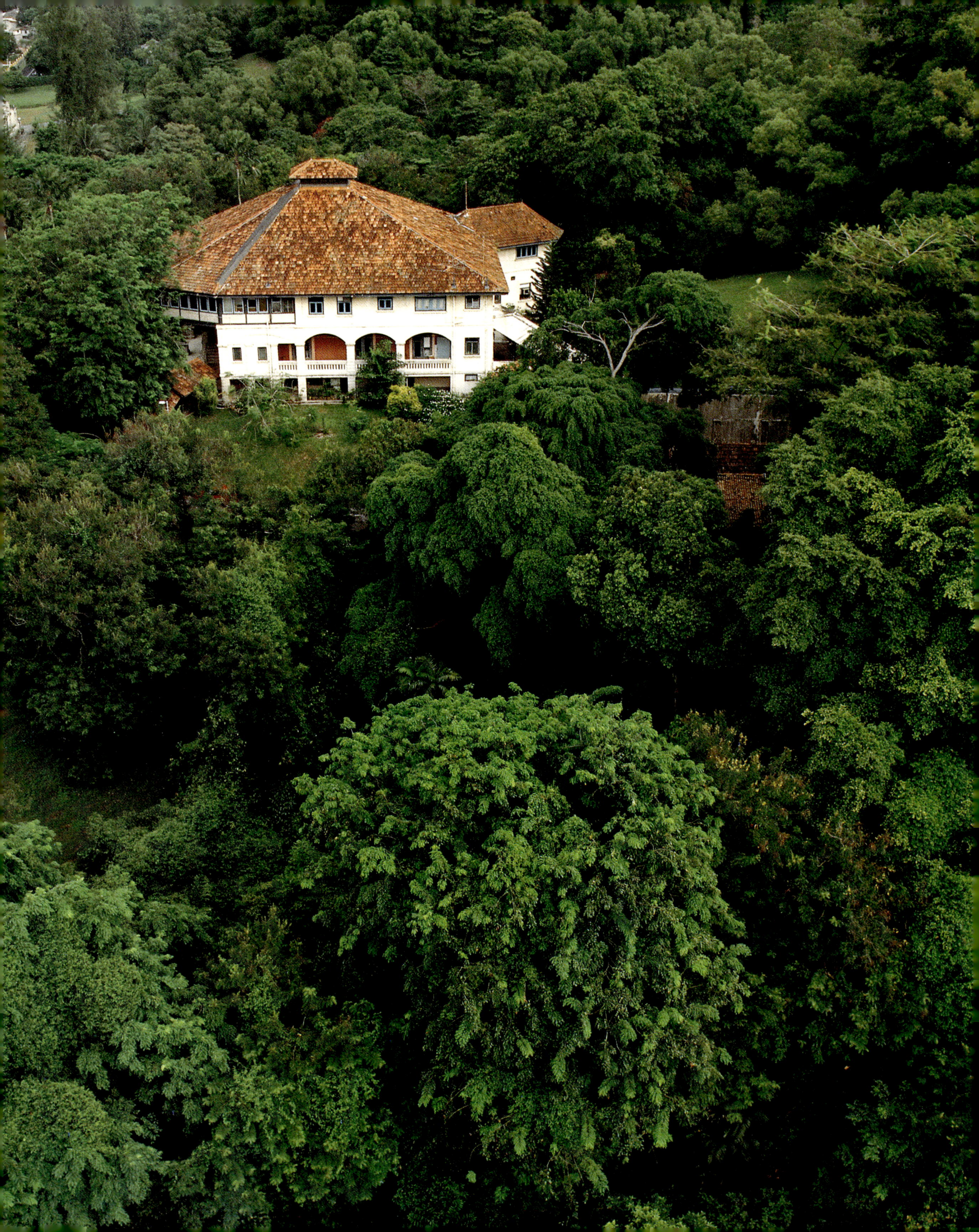

Der Kolonialstil

Rechts: *Ein mediterran anmutendes Haus in Goa, vor dem eine* Bougainvillea *blüht. Die Fenster ‚scheiben' wurden aus Muschelschalen hergestellt.*

Links: *Ein aus der Kolonialzeit stammendes Haus auf dem Mount Faber (Singapur), dessen parkähnlicher Garten von großen Bäumen beschattet wird.*

Sowohl die öffentlichen Anlagen als auch die Privatgärten, die die Europäer in ihren Kolonien anlegen ließen, waren denen der Heimat nachempfunden. Schnellwachsende, oft recht widerspenstige tropische Sträucher und Schlingpflanzen versuchte man einfach dadurch zu bändigen, daß man sie in die jedem so vertrauten Beete und Rabatten zwängte. Dieser koloniale Stil der Gartengestaltung ist auch heute noch in vielen tropischen Gärten lebendig. Er beeinflußte die Gartenkunst aber auch in solchen Tropenländern, die selbst nie Kolonien gewesen waren. Ein Beispiel hierfür ist Thailand. Die ersten Tropenreisenden aus Europa betrachteten ihre Umgebung zweifellos mit gemischten Gefühlen. Die Romantiker unter ihnen waren tief beeindruckt von der überwältigenden Fülle, die sie umgab.

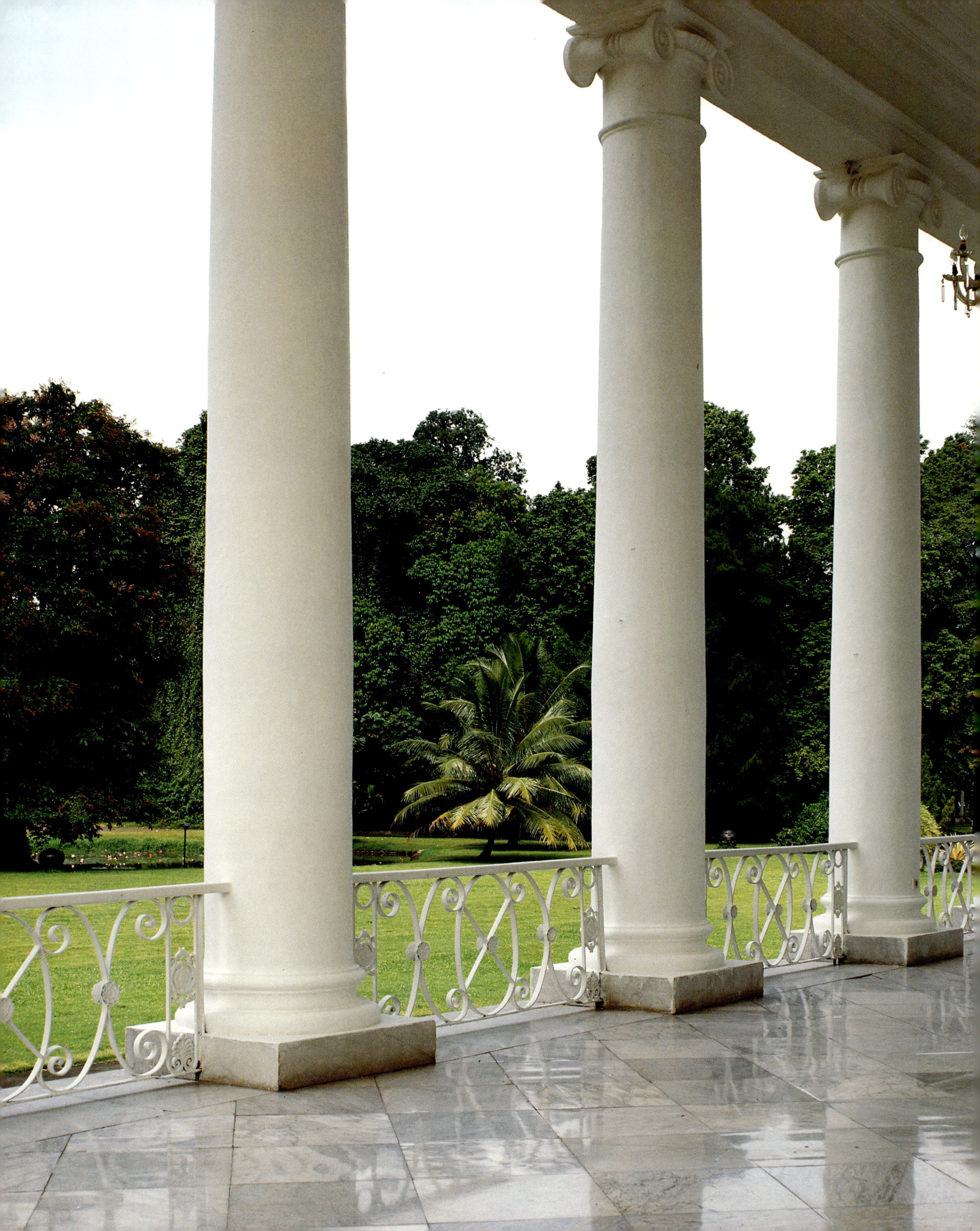

Sie empfanden wie Isabella Bird, die 1883 Malaysia bereiste und ihre Eindrücke wie folgt schilderte: „Die Vegetation ist üppig, verschwenderisch und unüberschaubar – sie wuchert in allen Grünschattierungen, vom Erbsengrün des Frühlings bis zum dunklen, satten Grün eines ewigen Sommers oder dem Gelbgrün der Palmwedel". Andere fanden die Tropen eher beängstigend. Ihrer Meinung nach fehlte es dort an der nötigen Disziplin, was auch hinsichtlich der Moral nichts Gutes ahnen ließ. Sie wollten von einer „ordentlichen" (europäischen) Landschaft umgeben sein, teils, um heimatliche Gefühle heraufzubeschwören, teils aber auch, um sich (zumindest symbolisch) den ungebändigten Urwald vom Leib zu halten. Die Europäer versuchten in aller Regel, die Städte ihrer Heimat zu kopieren. So entstanden niederländische Siedlungen auf Java; in Birma, Malaysia und auf den Westindischen Inseln waren es englische, in Indochina französische und auf den Philippinen spanische Niederlassungen. Ein Besucher Batavias (heute Djakarta) schrieb 1817: „An den Kanälen wurden Reihen schöner, immergrüner Bäume gepflanzt, die zusammen mit den stattlichen, regelmäßig gebauten Häusern den Straßen ein sehr einnehmendes Aussehen verliehen. Ich glaube daher, daß diese Stadt (in Anbetracht ihrer Größe) eine der saubersten und schönsten der Erde ist". In gleicher Weise lobten andere Reisende die ins Auge fallende Ordnung und Sauberkeit in Städten wie Singapur, Rangun, Saigon oder Manila. Andererseits wurde das Fehlen dieser Ordnung in den Hauptstädten der nicht unter kolonialer Herrschaft stehenden Länder sehr gerügt. Bangkok etwa erhielt seine erste „ordentliche", d.h. westlich geprägte Straße erst Mitte des 19. Jahrhunderts. Sie wurde auch nur deshalb gebaut, weil sich europäische Einwohner der Stadt beim König darüber beklagt hatten, daß ihre Gesundheit leide, wenn sie nicht eine Promenade für abendliche Ausfahrten mit der Kutsche hätten.

Victor Savage schreibt in seinen „Westlichen Impressionen von der Natur und Landschaft Südostasiens": „Solche Städte machten deutlich, wie sehr der westliche Geschmack die Umgebung geprägt hatte ... Das Straßennetz, die Kanäle, die Prachtstraßen und Alleen, die Gärten mit ihren geometrischen Blumenbeeten und – ganz allgemein – der räumliche Charakter der Kolonialstädte Südostasiens waren für viele westliche Reisende nicht nur wunderschön, sie waren auch Wahrzeichen für Sicherheit und Bequemlichkeit sowie Ausdruck einer gediegenen Kultur und Zivilisation".

Die Veranda des Präsidentenpalastes von Bogor, von der man in den Botanischen Garten blickt. Die Residenz wurde in der zweiten Hälfte des 19. Jahrhunderts von den Niederländern erbaut.

Was für Städte galt, galt genauso für die privaten Gärten, die sich die ersten Europäer, die sich in den Tropen niederließen, um ihre weitläufigen Bungalows und viktorianischen Villen herum anlegen ließen. Der ganze Stolz dieser Gärten war meist der Rasen – ein Sinnbild gärtnerischer Disziplin –, der von einheimischen Gärtnern sorgfältig geschnitten und von jeglichem Unkraut befreit wurde. Aber nicht nur der Rasen, auch die den Europäern so am Herzen liegenden Blumenrabatten durften in den Gärten nicht fehlen. Sie wurden durch ständige unnachgiebige Pflege in Ordnung gehalten. Vielerorts versuchten die Neuankömmlinge, die Illusion vom europäischen Garten noch durch importierte Samen und Blumenzwiebeln zu vervollkommnen. In *Plain Tales from the Raj* („Kleine Geschichten über die Herrschaften"), wird eine ehemalige *memsahib*, also eine Dame der Gesellschaft, zitiert: „Man gab sich die größte Mühe, englische Pflanzen zu ziehen, obwohl diese das indische Klima meist nicht vertrugen. Wir hätten die herrlichsten Gärten mit Orchideen und den verschiedensten Arten von exotischen Pflanzen haben können – aber nein, es mußten unbedingt englische

Oben: *Auf der Rasenfläche vor dem Präsidentenpalast grast Wild, das die Niederländer seinerzeit nach Bogor brachten, um sich mit Wildbret zu versorgen.*

Rechts, oben u. Mitte: *Ansichten des von den Niederländern ‚Buitenzorg' (‚Sorgenfrei') genannten Präsidentenpalastes und seines Gartens. Die Statuen ließ Präsident Sukarno aufstellen.*

Rechts unten: *Schwimmblätter von* Victoria amazonica *auf dem spiegelnden See vor dem Eingang des Präsidentenpalastes*

61

Blumen sein!" Später, als durch die Arbeit der botanischen Gärten in den Tropen eine größere Auswahl an Zierpflanzen zur Verfügung stand, ging man allerdings dazu über, die beliebten Blumenrabatten mit tropischen Gewächsen zu bepflanzen. Diese sorgten ebenfalls für Farbe im Garten und hatten den Vorteil, wesentlich dankbarer zu sein.

Die Tatsache, daß nur verhältnismäßig wenige Gärten der Kolonialzeit besondere Berühmtheit erlangten, ist hauptsächlich darauf zurückzuführen, daß die dazugehörigen Häuser mehrheitlich der Regierung oder Außenhandelsfirmen gehörten. Das brachte es mit sich, daß die Bewohner in regel-

Arbeiter bearbeiten den Rasen vor dem Gymkhana Club in Bombay mit einer Walze.

Ein Sommerpalast im kühlen Hochland von Java, nahe Cipanas. Auch Indonesiens Präsident Sukarno schätzte das von den Niederländern um 1750 errichtete Gebäude als Sommersitz.

mäßigen Abständen wechselten, sei es, weil sie versetzt wurden, oder weil sie in den Ruhestand traten. Machte sich einer von ihnen tatsächlich die Mühe, einen phantasievollen Garten zu entwerfen und anzulegen, war es vielleicht schon dem Nachfolger zu mühsam, den Garten in diesem Zustand zu erhalten. Er zog es womöglich vor, nur einen Rasen anzulegen und ein paar Schattenbäume zu pflanzen.

Dessen ungeachtet gab es aber auch sehr eindrucksvolle Ausnahmen

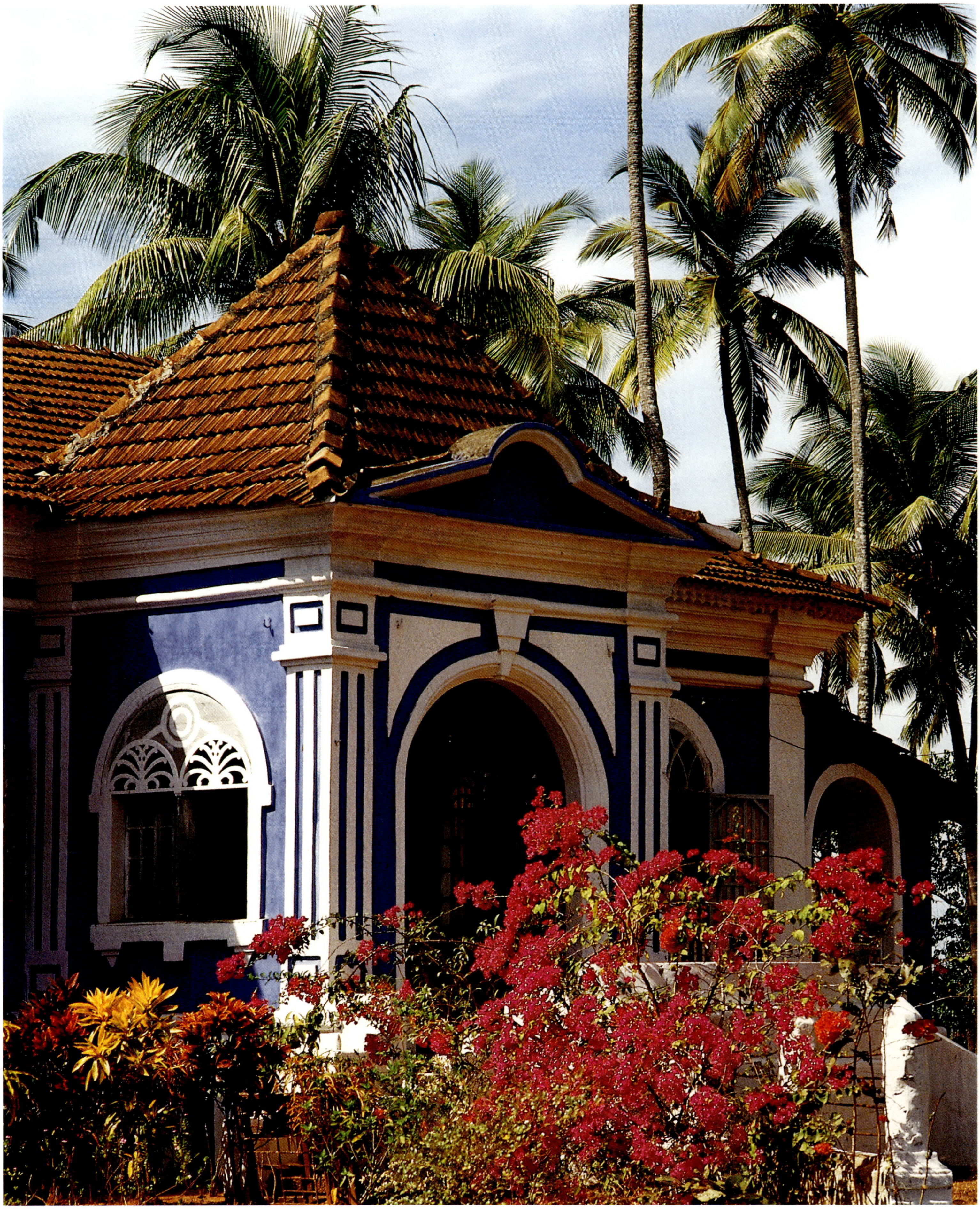

Oben: *Ein* Haus aus der Kolonialzeit in Penang; im Vordergrund leuchten die Blüten eines Flammenbaums (Delonix regia).

Mitte: *Ehemaliges* Herrenhaus in Chandor (Goa), in dem heute ein Museum untergebracht ist.

Unten: *Vor* diesem chinesischen Wohnsitz auf Phuket (Thailand) wachsen Kaladien.

Seite 64: *Altes* Haus in Vagator, einer kleinen Stadt an der Meeresküste von Goa. Die Fassade leuchtet in den gleichen Farben wie die Sträucher des Gartens und die Bougainvillea.

Der 1870 fertiggestellte ehemalige Justizpalast von Djakarta beherbergt heute das Museum für Bildende Künste.

von der Regel. Zu ihnen gehörten insbesondere die Gärten der größeren Regierungssitze. Ein Beispiel ist Buitenzorg in Bogor, wo der Generalgouverneur von Niederländisch-Indien lebte. Hier mußte schon aus Repräsentationsgründen einige Pracht entfaltet werden. Hinzu kam, daß der angrenzende botanische Garten ein umfangreiches Angebot immer neuer und interessanter Pflanzen anzubieten hatte und daß erfahrene Landschaftsarchitekten sich der Planung des Gartens annahmen. Ihr Werk beeindruckt den Betrachter noch heute, nach über hundert Jahren. Besonders schön sind die mit tropischen Bäumen aus aller Welt gesäumten Auffahrten und zwei künstlich angelegte Seen. Einer von ihnen, in dem sich die elegante weiße, mit Säulen geschmückte Fassade der Residenz spiegelt, hat einen sachlichen, eher westlichen Charakter. In ihm wächst *Victoria amazonica*, eine riesige

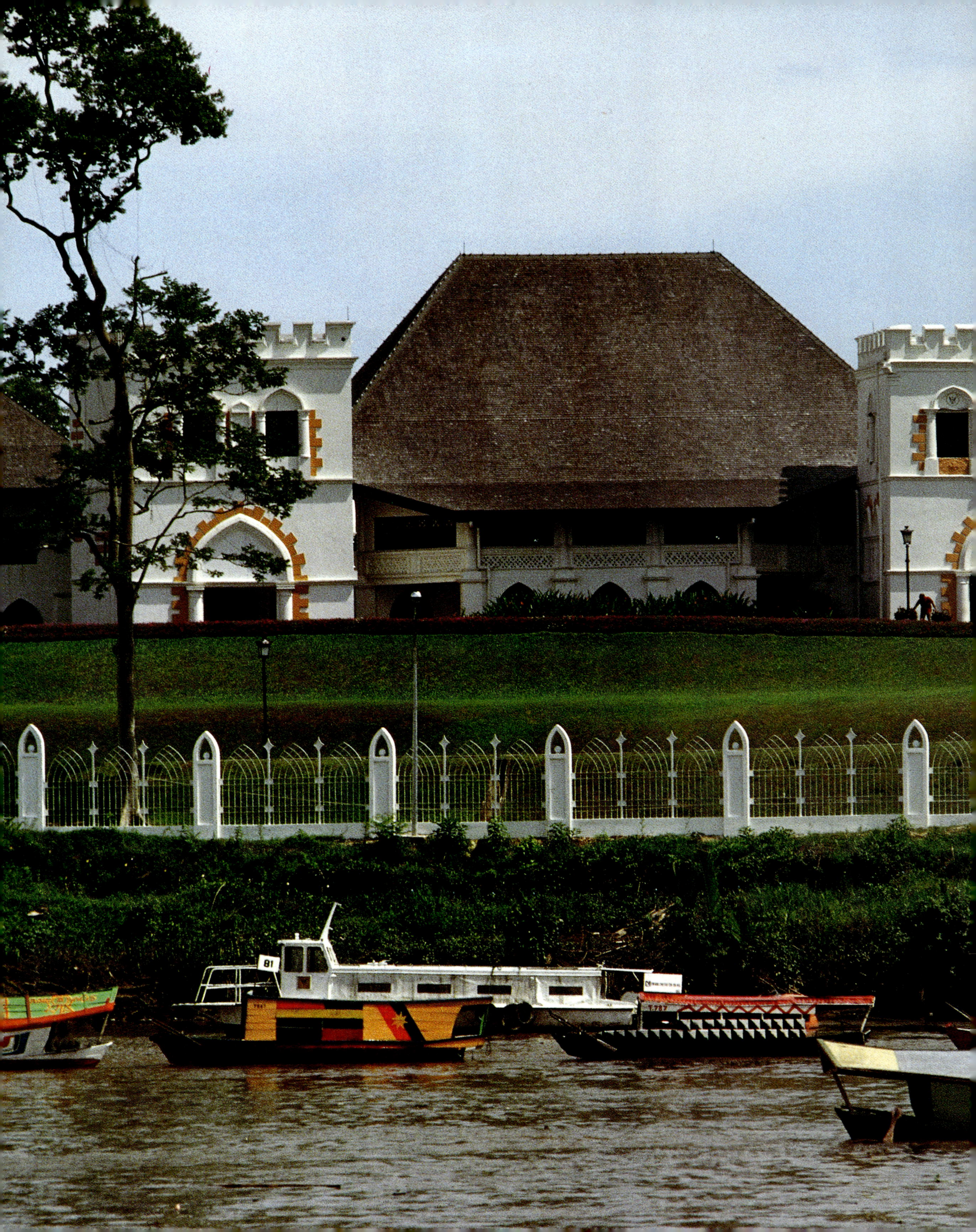
81

Seite 66: *D*er Istana in Kuching/ Sarawak, Sitz der Familie Brooke, die als „Weiße Rajahs" ein Jahrhundert lang über Sarawak herrschten.

Unten: *B*lühende Bignonia ignea *vor einem alten Haus in Chiang Mai (Thailand).*

brasilianische Seerosenart, die die Europäer im 19. Jahrhundert liebten.

Die Gartenlandschaft, die den Palast von Bogor heute umgibt, ist eine reizvolle Mischung aus scheinbarem Wildwuchs und sorgfältig gepflegten Flächen. In ihr offenbart sich der Geschmackswandel, der sich während der Kolonialzeit bei den Europäern vollzog. Man wandte sich von den streng formal gestalteten Gärten der Vergangenheit ab und bemühte sich, der Natur nachempfundene Landschaften anzulegen, für die die Tropen natürlich ideale Bedingungen boten. Was konnte so wild und natürlich aussehen wie ein Stück echter oder von Menschenhand geschaffener Urwald, dessen Schlingpflanzen und üppige Farne mit einem gepflegten Rasen kontrastierten? Diejenigen Gärten der Kolonien (privat oder öffentlich), die durch reizvolle Kontraste dieser Art ihre Besucher besonders beeindruckten, setzten Maßstäbe für die Gestaltung anderer Gärten in der Region. Sie sind die direkten „Ahnen" der heutigen Tropengärten.

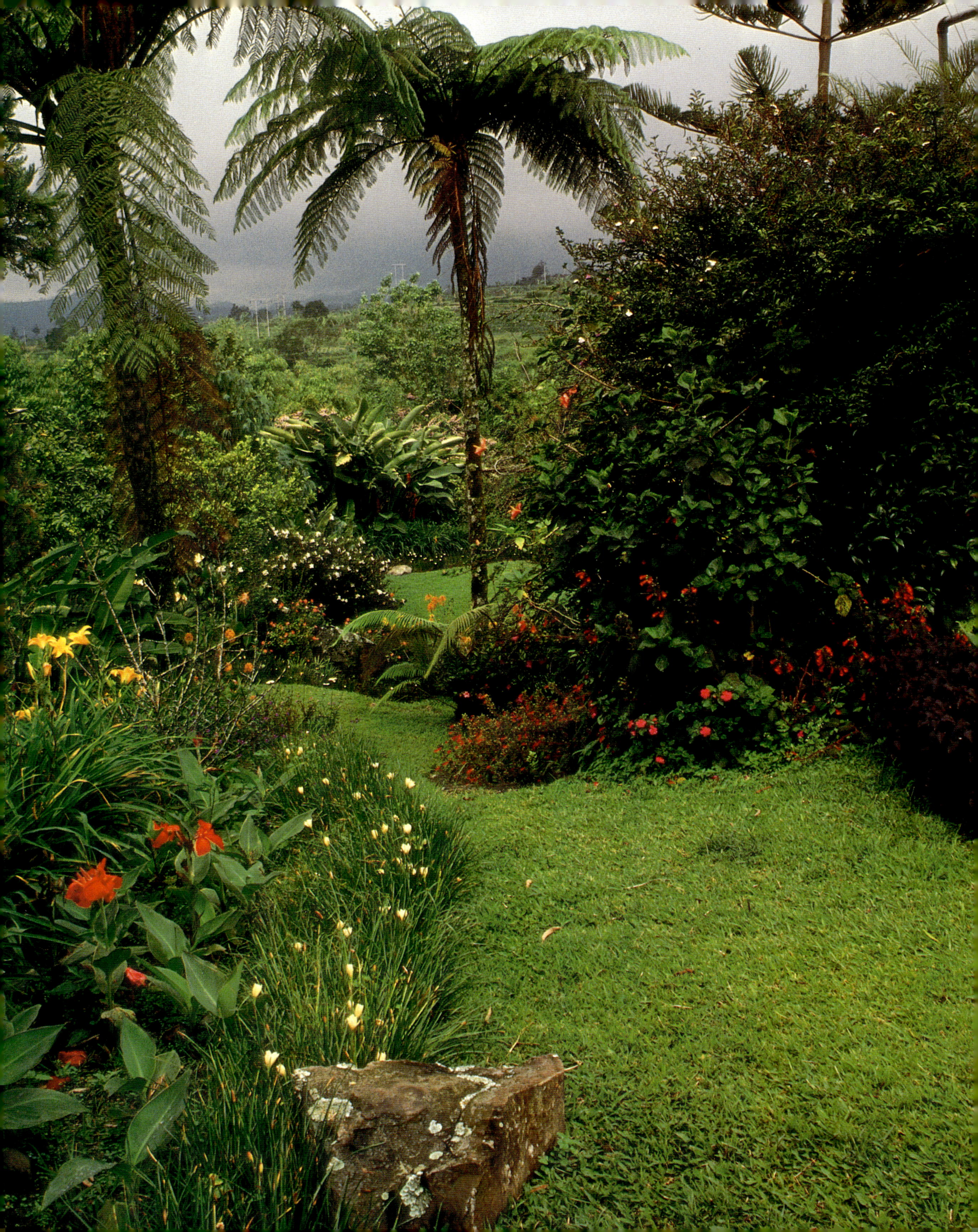

Zeitgenössische tropische Gärten

Rechts: *Ein mit tropischen Pflanzen angelegter Garten im japanischen Stil auf dem Gelände der Universität von Hawaii. Im Hintergrund sieht man die ausladenden Kronen einiger großer Regenbäume.*

Links: *Im Hochland von Java nahe Cibodas gelegener Privatgarten, wo Baumfarne neben Nadelbäumen aus der gemäßigten Zone gedeihen.*

Das Erscheinungsbild eines tropischen Gartens wird heute geprägt von raffiniert eingesetzten Kontrasten: natürlich belassene und peinlich gepflegte Bereiche, Licht und Schatten, Künstliches und Natürliches. Uns vertraut ist der gepflegte Rasen, die sorgfältig geschnittene Hecke und das abwechslungsreich gestaltete Blumenbeet, da sie alle aus den Gärten der gemäßigten Zone übernommen wurden. Gänzlich anders ist, daß der Tropengarten keinen jahreszeitlichen Wandel kennt. Sein Aussehen bleibt im wesentlichen unverändert. Um einen tropischen Garten abwechslungsreich zu gestalten, muß ihn der Gärtner oder Gartenarchitekt daher so entwerfen, daß sich dem Betrachter von jedem Standort aus stets neue, eindrucksvolle Ausblicke bieten. Eine wahrhaft große Herausforderung! Die Mühe des Planers wird jedoch dadurch belohnt, daß sich seine Vorstellungen dank des unentwegten üppigen Wachstums in den Tropen sehr viel rascher verwirklichen lassen als in der gemäßigten Zone.

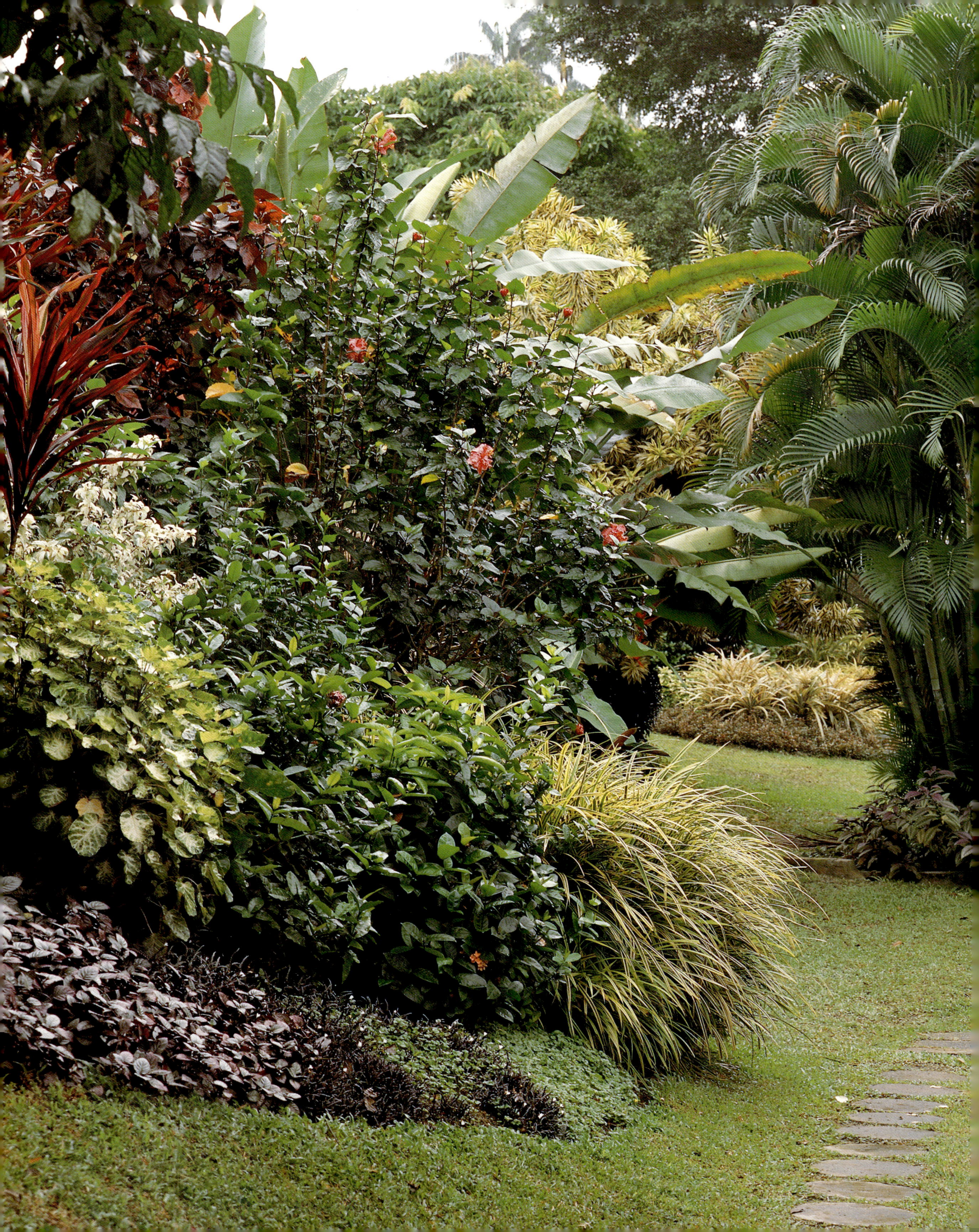

Die Mandai-Gärten

Seit über vierzig Jahren nehmen John und Amy Ede einen besonderen Platz unter den Gartenliebhabern Singapurs ein. Während dieser Zeit sind über ihre Mandai-Gärten viele neue Pflanzen auf die Insel gebracht worden. Es bestand auch immer ein enger Kontakt zur Gartenbau-Gesellschaft von Singapur, deren Präsident John Ede vierzehn Jahre lang war.

Obwohl die Mandai-Gärten hauptsächlich kommerziellen Interessen dienen – sie sind auf den Export von Orchideen spezialisiert –, gibt es in ihnen auch einen Bereich, in dem tropische Pflanzen zur Schau gestellt werden. Es gibt dort Teiche und Wasserläufe, die sonniges und schattiges Gelände durchfließen, und Gartenwege, die von Zierpflanzen aus aller Welt gesäumt sind.

Besonders interessiert sind die Edes an Heliconien aus Mittelamerika. Heute umfaßt ihre Sammlung Dutzende von Sorten, von Zwergformen bis zu mehrere Meter hohen Riesengewächsen. Sie gedeihen gut im feucht-heißen Klima Singapurs, wo es selten längere Trockenperioden gibt. Auch Alpinien wie der sogenannte „Rote Ingwer" oder eine Zierform mit leuchtend gelb und grün gestreiften Blättern fühlen sich hier wohl. Berühmt sind die Mandai-Gärten aber auch wegen ihrer zahlreichen ungewöhnlichen Sorten von *Dracaena* (Drachenbaum), *Calathea*, *Cordyline* (Keulenlilie) und *Mussaenda* (besonders bemerkenswert ist eine von den Philippinen stammende, rosa blühende Art). Sie alle bringen mit ihren prächtigen Blättern das ganze Jahr hindurch Farbe in den tropischen Garten.

Links: *Dicht bepflanzte, durch sorgfältig gepflegten Rasen voneinander getrennte Beete lassen diesen Garten größer erscheinen als er tatsächlich ist. Eine von den Philippinen stammende, fast ganzjährig blühende* Mussaenda *(rechts) hebt sich effektvoll von den im Hintergrund wachsenden Goldblattpalmen ab.*

Seite 72/73: *Diese Ansicht des Gartens wird beherrscht von dem riesigen fächerförmigen Blattschopf eines zu den Bananengewächsen gehörigen ‚Baums der Reisenden' (Ravenala madagascariensis). An anderen Stellen des Gartens sorgen Farne, Drachenbäume, Dieffenbachien, Ingwergewächse und andere exotische Pflanzen mit ihren unterschiedlich geformten, oft bunt gemusterten Blättern für Abwechslung.*

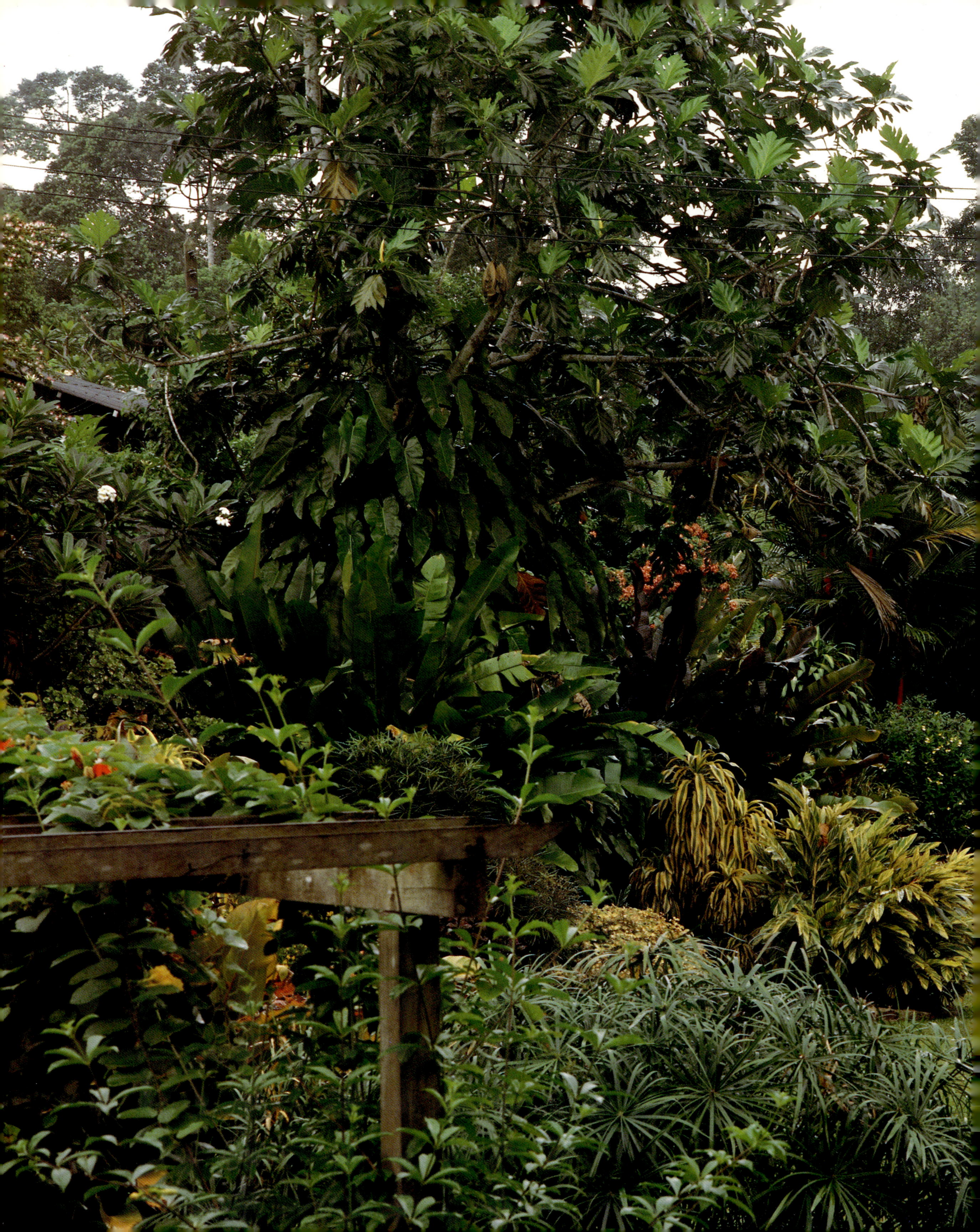

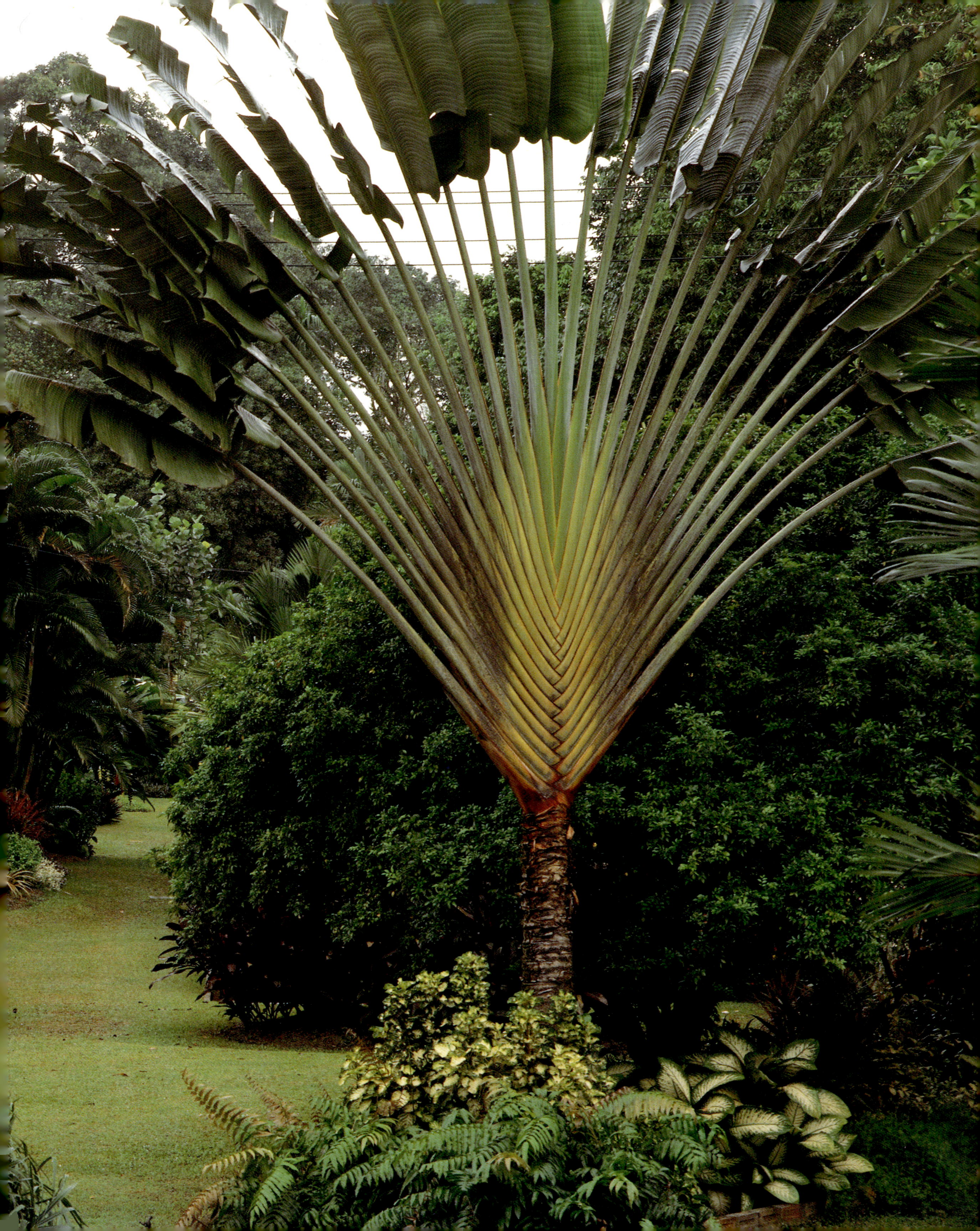

*D*ie farbenfrohen Brakteen des ‚Roten Ingwers' (Alpinia purpurata) heben sich wirkungsvoll von den gemusterten Blättern der dahinter wachsenden Bambusstaude ab.

Links: *A*n einem Wasserlauf wachsen Cyperus alternifolius *(links)* und eine Zwergform des Schraubenbaums mit

gemusterten Blättern (rechts). Im Hintergrund kann man eine Heliconia rostrata *mit herabhängenden Brakteen erkennen.*

Das Beet zur Rechten wird beherrscht von einer hohen Dracaena fragrans ‚Victoriae', *deren Farben am besten in vollem Sonnenlicht zur Geltung kommen. Links wachsen Heliconien und Ingwergewächse.*

Ein Garten auf der Insel Phuket

Phuket ist eine große Insel in der Andamanensee vor der Westküste Thailands. Es gibt dort noch stellenweise dichten, urwüchsigen Regenwald und eine Reihe wunderschöner Strände. Lange bevor die Insel in neuerer Zeit zu einem beliebten Touristenziel mit Hotels und anderen Freizeiteinrichtungen wurde, galt sie wegen ihrer reichen Zinnvorkommen sowie ihrer Kautschuk- und Kokosnuß-Plantagen als eine der blühendsten Provinzen des Landes.

Das Grundstück, das John und Pannee Ault 1982 in Patong Beach erwarben, war etwa fünf Hektar groß. Es bestand aus einer aufgegebenen Kautschuk-Plantage und Sekundärwald, der an den Ufern eines Flusses wuchs. Der Fluß entspringt an einem nahegelegenen Berg und führt das ganze Jahr über Wasser. Als Gärtner waren die Aults sehr angetan von dieser zuverlässigen, auf der Insel seltenen Wasserversorgung. Dazu kamen eine abwechslungsreiche Geländeform und die Tatsache, daß das Anwesen vor dem Monsun geschützt war, der in Meeresnähe empfindlichen Zierpflanzen in exponierter Lage sehr schaden kann. Mit Hilfe einheimischer Arbeiter befreite das Ehepaar einen Teil des Grundstücks von seinem Wildwuchs, wobei es jedoch größere Bäume und einige anmutige Zuckerpalmen stehenließ. Zum Haus, das die Aults erbauten, wurden Terrassen angelegt, und das Flußbett wurde so umgestaltet, daß sechs Teiche unterschiedlicher Größe entstanden. Der größere Teil des Anwesens wurde jedoch in seinem ursprünglichen Zustand belassen. Obwohl Pfade durch den Wald und Brücken über den gewundenen Flußlauf gebaut wurden, blieb die Vegetation weitgehend unangetastet. Das Ergebnis dieser Bemühungen ist ein bemerkenswerter Tropengarten, in dem gärtnerisch gestaltete Flächen und Bereiche mit ursprünglichem Bewuchs miteinander verschmelzen und in dem sich dem Auge des Betrachters ständig neue, überraschende Ausblicke bieten.

Die Aults sammelten nicht nur Pflanzen aus verschiedenen Gebieten Thailands, sondern auch aus Malaysia, Hawaii, Australien und anderen Ländern. Der Garten beherbergt über zwanzig verschiedene Varietäten von *Hibiscus* (Roseneibisch) sowie zahlreiche Palmen, darunter eine seltene Art

Im Schatten eines Kaschubaums steht ein Thai-Haus im Miniaturformat. In Thailand glaubt man, daß die Schutzgeister eines Anwesens in solchen, stets auf einer Säule ruhenden Geisterhäuschen Unterschlupf suchen. Im Vordergrund sind die gemusterten Blätter von Ophiopogon *und die roten Deckblätter von* Alpinia purpurata *zu sehen.*

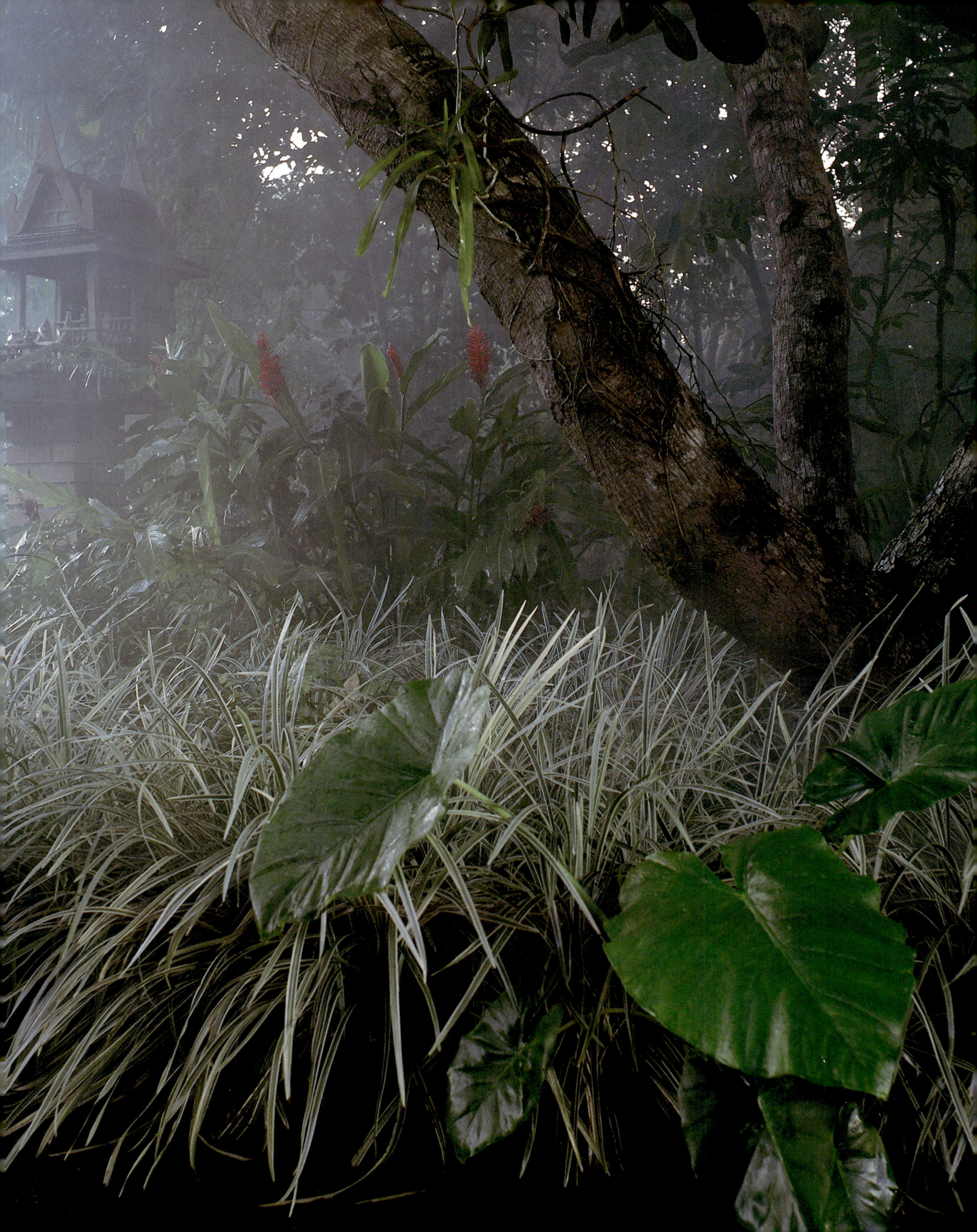

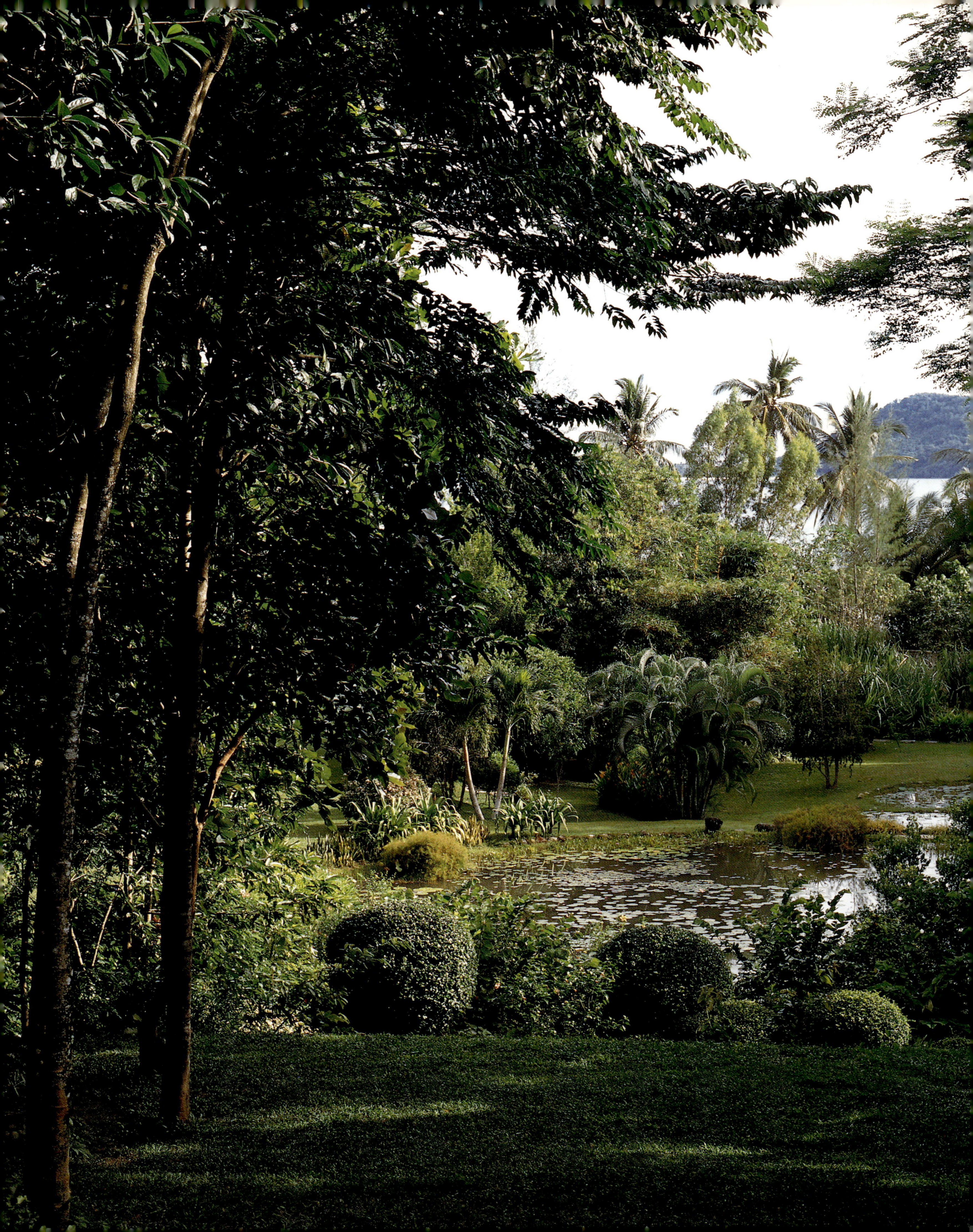

mit silbrigen Blättern *(Karedoxa dolphin)*, die man heute nur noch im Urwald von Phuket findet. Die ausgedehnten ebenmäßigen Rasenflächen, von denen sich die üppige Bepflanzung und die Teiche so effektvoll abheben, entstanden aus dem bereits vorhandenen Wildgras. Es wurde so lange geschnitten, bis sich daraus eine geschlossene Grasnarbe gebildet hatte.

Einer der Teiche ist blühenden Seerosen und rosafarbenem Lotos vorbehalten, ein anderer ist ausschließlich mit weißem Lotos bepflanzt. In den Rasenflächen und um sie herum liegen Beete mit verschiedenen Heliconien, einfach und gefüllt blühendem *Hibiscus*, rosa und weiß blühender *Mussaenda*, „Rotem Ingwer" *(Alpinia purpurata)*, *Ixora* und verschiedenen Palmen. Unter den blühenden Bäumen sind *Lagerstroemia*, der Flammenbaum oder Flamboyant *(Delonix regia)* und *Jacaranda* zu finden. In den schattigeren Bereichen wachsen Scheidenblatt *(Spathiphyllum)*, Keulenlilie *(Cordyline)*, Dieffenbachie, *Costus*, Drachenbaum *(Dracaena)*, Farne und *Philodendron*. Obwohl auch einige Zierpflanzen in den Urwaldbereich des Gartens gepflanzt wurden,

Links: **B**lick auf die zum vorderen Teil des Anwesens hinabführenden Terrassen. Im Hintergrund erkennt man zwischen Kokospalmen das Meer. Die meisten Bäume waren bereits vorhanden, als der Garten angelegt wurde.

Unten: **K**aredoxa dolphin, eine inzwischen seltene, auf Phuket heimische Palme mit unterseits silbrig gefärbten Blättern. Die Aults pflanzten eine größere Anzahl dieser Palmen in den urwüchsigen Dschungelbereich ihres Gartens.

werden die Wege dort von einheimischem *Costus*, von Farnen (darunter auch eine Sorte mit blau-grün schillernden Blättern), von Gruppen hochaufragender Schraubenbäume *(Pandanus)*, Wildbananen und Feigen *(Ficus)* mit bizarren Wurzeln beherrscht.

Kurz nachdem die Aufnahmen für dieses Buch entstanden waren, wechselte der Garten seinen Besitzer. Es ist zu hoffen, daß die neuen Eigentümer die gärtnerische Arbeit der Aults fortsetzen und, wie sie, die natürliche Landschaft von Phuket erhalten werden.

Unten: *Nahe dem Vordereingang des Hauses sorgen die leuchtend scharlachroten Blütenstände einer großen* Ixora *für Farbe, während eine Zwergform der gleichen Gattung zurechtgestutzt als Hecke dient. Die Veranda wird überwuchert von einer* Beaumontia.

Rechts: *Durch die Umleitung des kleinen Flusses, der den Garten durchfließt, entstanden Teiche, in denen nun verschiedene Seerosen wachsen. Einige wenige gestutzte Sträucher stehen in interessantem Kontrast zu der ansonsten völlig natürlich wirkenden* Bepflanzung vor dem im Hintergrund aufragenden Urwald.

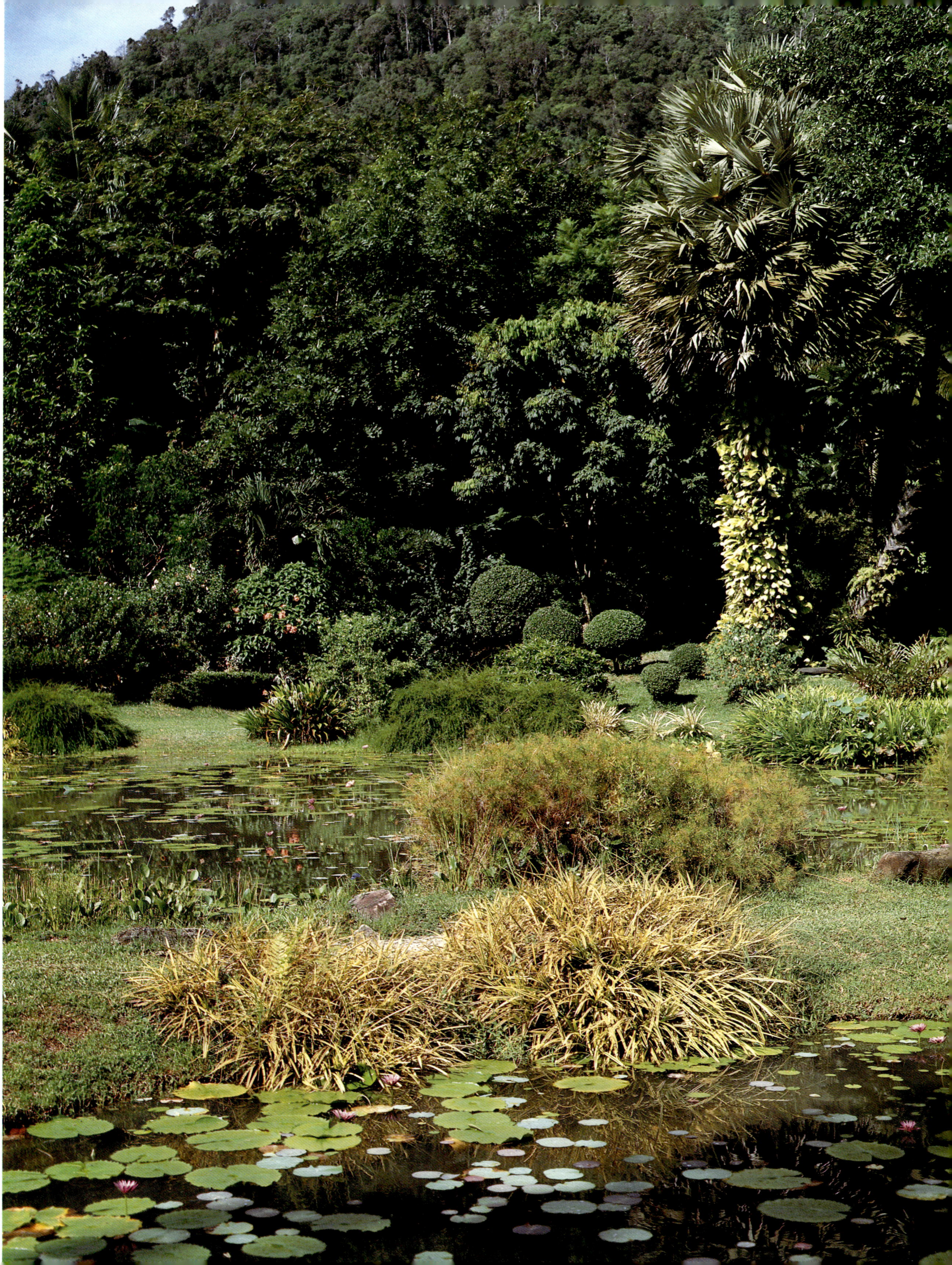

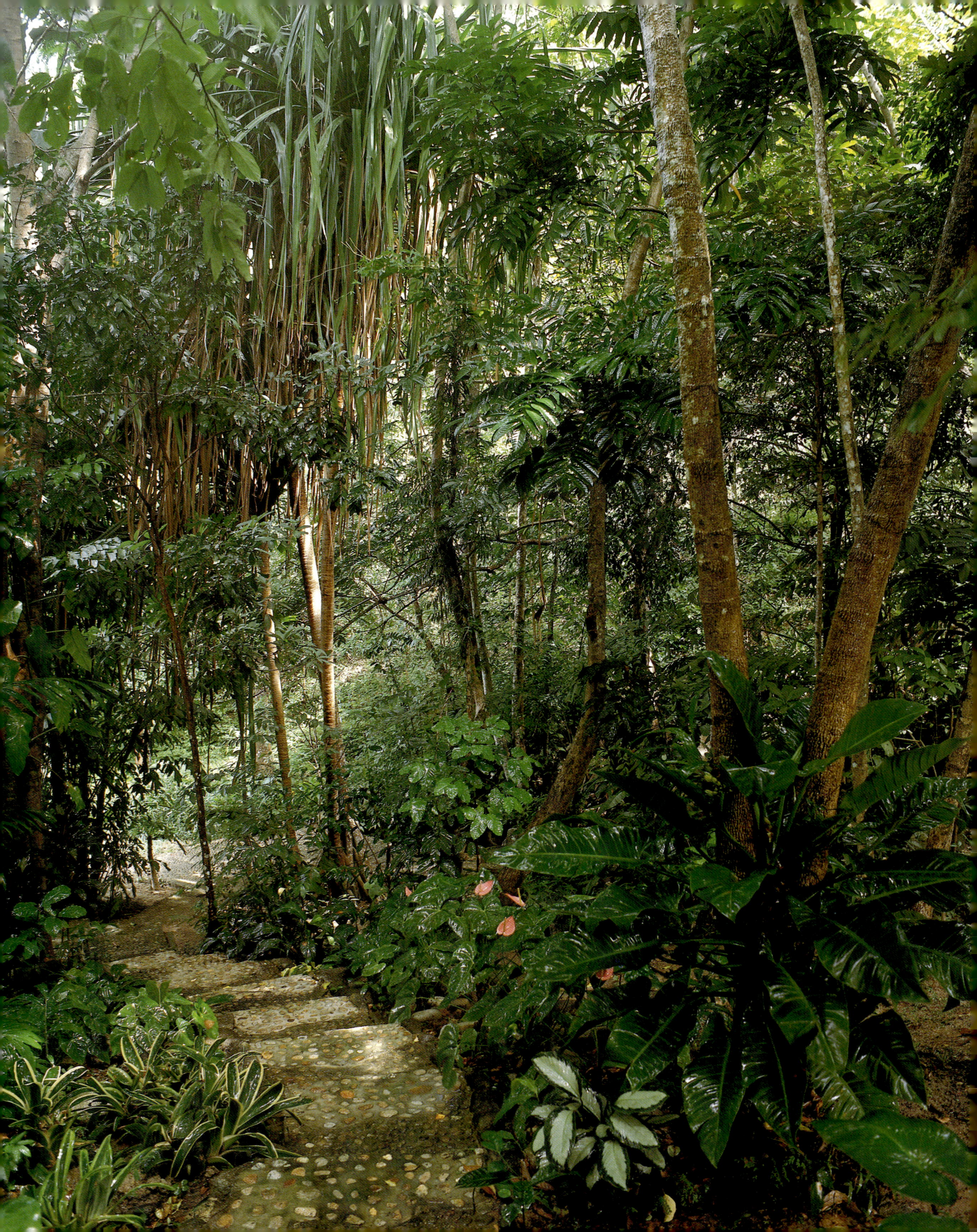

Seite 82: *Ein vom Haus zum Dschungelgarten hinabführender Pfad; die vorhandene Wildvegetation wurde durch Zierpflanzen wie rosa blühende Flamingoblumen und Dieffenbachien ergänzt.*

Mitte links: *Der rot leuchtende, attraktive Blütenstand einer wilden* Costus-*Pflanze*

Unten rechts: *Blühender wilder Drachenbaum im Dschungelgarten*

Unten links: *Die Flamingoblume wird bei uns als Topf- und Schnittblume angeboten.*

Oben: Selaginella, *ein farnartiger Bodendecker, der sich in feuchten Bereichen wohlfühlt.*

Oben: Mimusops elengi, *ein auf Phuket heimischer Baum, in Blüte*

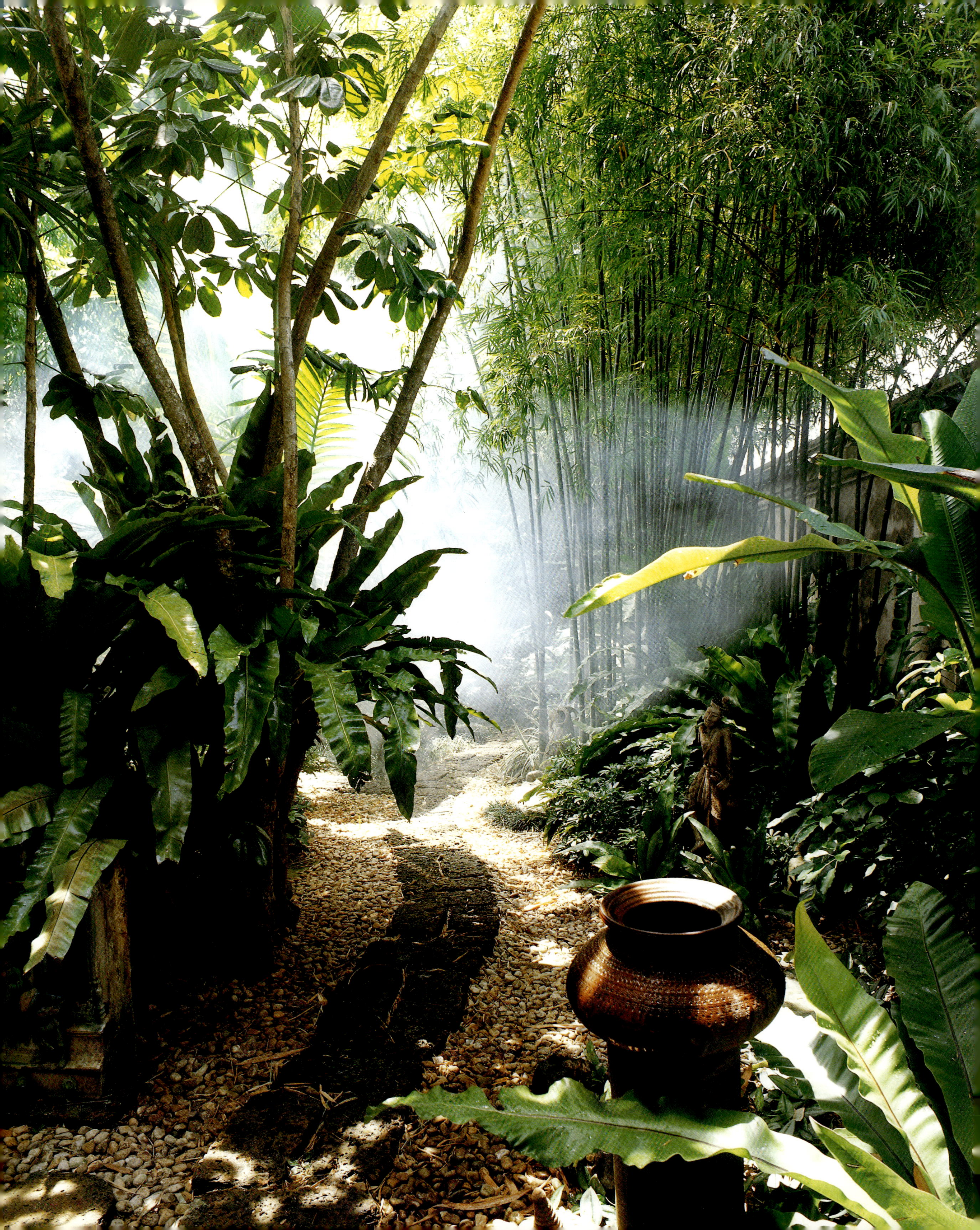

Der Garten des Prasart-Museums

Das in Privatbesitz befindliche Prasart-Museum liegt in Hua Mark, einem Vorort Bangkoks. Es wurde vor mehreren Jahren von einem ehemaligen Geschäftsmann namens Prasart Vongsakul gegründet, um dessen große Sammlung von Erzeugnissen des thailändischen Kunsthandwerks aufzunehmen. Zu diesem Zweck wurden auf einer Fläche von rund eineinhalb Hektar mehrere Gebäude errichtet. Unter ihnen befindet sich ein kleiner buddhistischer Tempel, ein klassisches Thaihaus, das einem Original aus dem Nationalmuseum von Bangkok nachgebildet wurde, und eine über einem Teich erbaute, ganz aus Teakholz bestehende Bibliothek. Hinzu kommt ein in europäischem Stil erbautes Haus, wie man es im späten 19. Jahrhundert in Thailand allgemein schätzte. Diese Beispiele religiöser und profaner thailändischer Architektur stehen in einem bemerkenswerten Garten, der sowohl traditionelle als auch moderne Konzepte der Landschaftsgestaltung in sich vereint. Die traditionelle Gartenkunst findet in einer Anzahl alter knorriger Bäume ihren Ausdruck, die sowohl ihrer Gestalt als auch ihrer Blüten wegen ausgewählt wurden, und außerdem in Pflanzen, denen Schnitt und Erziehung besondere Formen verliehen haben. Beides sind charakteristische Stilmerkmale klassischer Thai-Gärten, die vermutlich auf chinesische Einflüsse zurückgehen. Einer Quelle zufolge läßt sich die Beliebtheit gestutzter Bäume bis in jene Zeit zurückverfolgen, in der Sukhothai noch Hauptstadt des Landes war. Später, während der Ayutthaya-Periode, kamen japanische Bonsai in Mode. In einem Aufsatz über die Entwicklung der Gartenkunst im Lande weist M. R. Pimsai Amranand jedoch darauf hin, daß die Siamesen, im Gegensatz zu den Japanern, die die Natur zu imitieren versuchen, danach trachteten, ihren Bäumen möglichst eigenartige, phantastische Formen zu verleihen.

Bei den knorrigen Bäumen des Prasart-Gartens handelt es sich zumeist um Frangipani oder Pagodenbäume *(Plumeria rubra)*. Einige von ihnen sind

Die dichte Bepflanzung mit Nestfarnen, zartblättrigem Bambus und Strahlenaralie (Brassaia actinophylla; *links) verleiht diesem Gartenpfad eine dschungelähnliche Atmosphäre.*

Drei dekorative Zwergdattelpalmen bilden einen wirkungsvollen Rahmen für eine chinesische Steinfigur und ein antikes Wassergefäß aus Thailand. Neben der Steinfigur steht einer der für thailändische Tempel- und Palastgärten so charakteristischen, durch Schnitt und Erziehung geformten Sträucher.

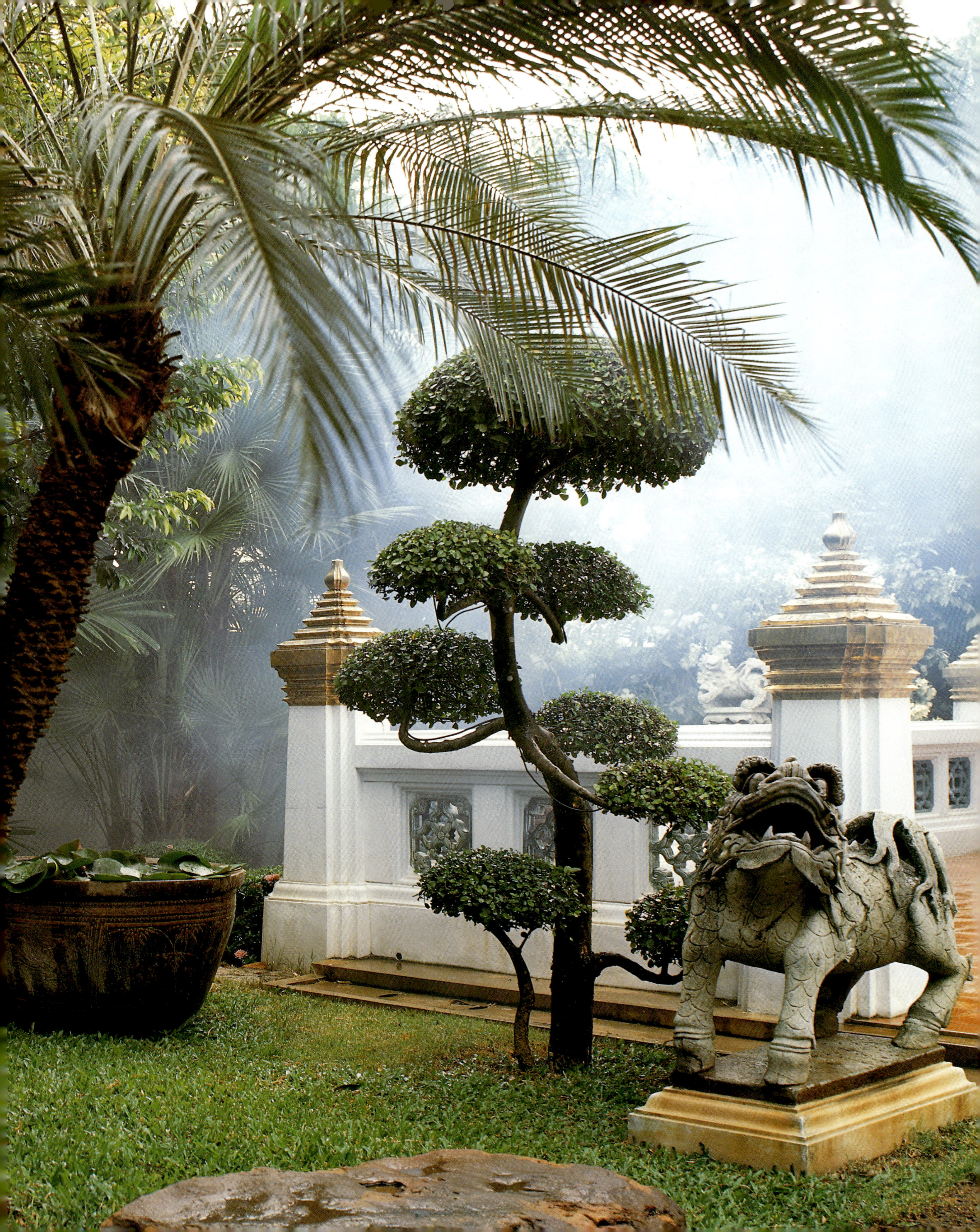

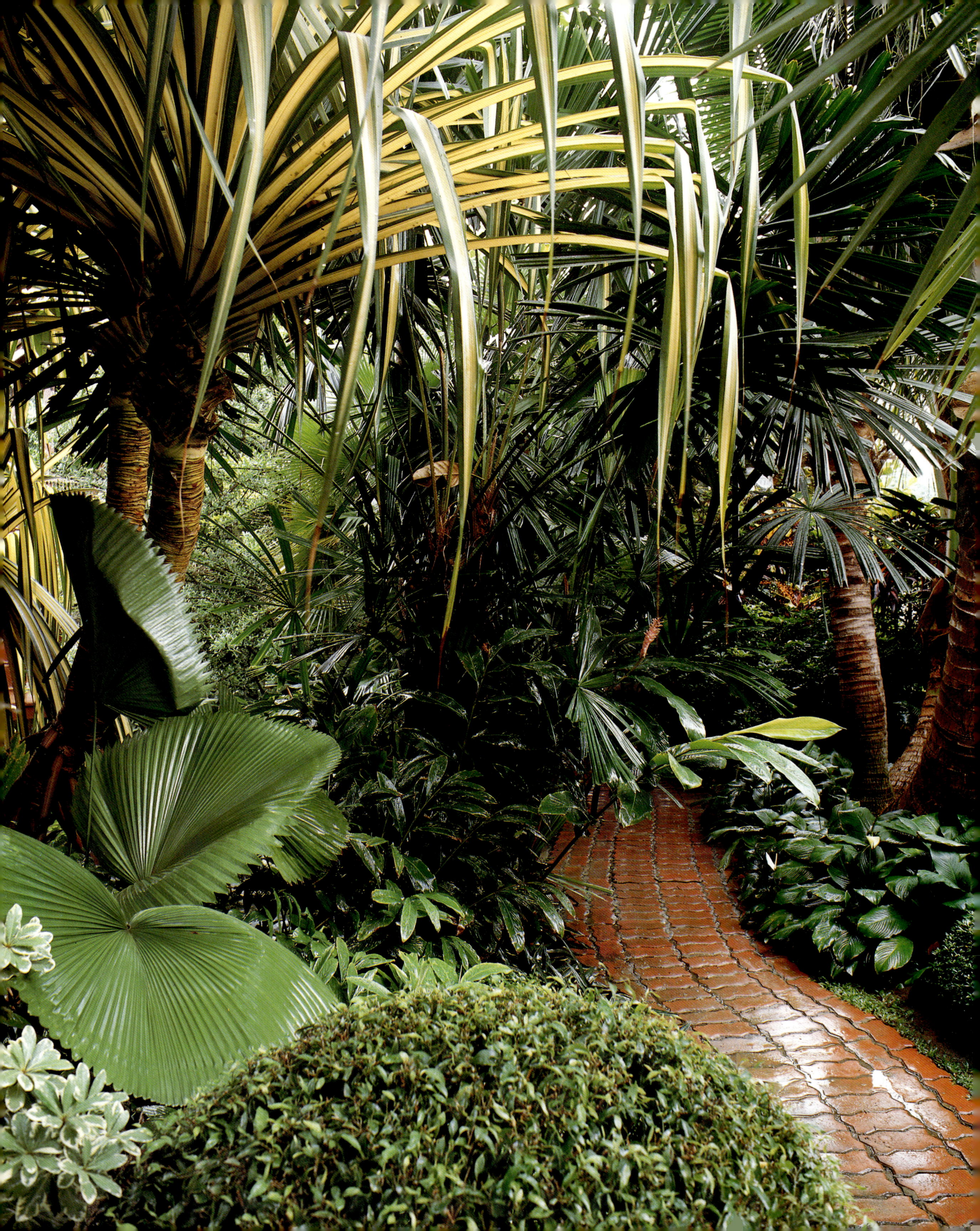

Links: *Durch einen schattigen Teil des Gartens führt ein mit Ziegelsteinen gepflasterter Weg. Er wird gesäumt von* Spathiphyllum *und* Alpinia *mit rosafarbenen Deckblättern. Links steht ein großer Schraubenbaum* (Pandanus sanderi) *mit farbig gestreiften Blättern, darunter wächst eine Großblättrige Strahlenpalme* (Licuala grandis).

bereits über fünfzig Jahre alt. Als der Garten angelegt wurde, holte man sie von ihren ursprünglichen Standorten und plazierte sie so, daß ihre eigenartige Gestalt besonders wirkungsvoll zum Ausdruck kommt. Für die klassischen Formschnitte verwendete man unter anderem *Diospyros peregrina*, eine einheimische Pflanze mit kleinen rauhen, dunkelgrünen Blättern, *Wrightia religiosa* mit zart duftenden weißen Blüten und mehrere Arten von Feigen *(Ficus)* mit malerischen Luftwurzeln. An anderen Stellen präsentiert sich der Prasart-Garten in einem zeitgemäßeren tropischen Gewand. Hier führen Pfade durch einen Miniaturdschungel aus grün- und gelbstämmigem Bambus, Heliconien, *Philodendron*, „Rotem Ingwer" *(Alpinia purpurata)*, Farnen, Wildorchideen und leuchtend gefärbtem *Codiaeum*. Außerdem gibt es dort einen ganz natürlich aussehenden Wasserfall, dessen Wasser sich in ein Becken mit seltenen roten und weißen Karpfen ergießt. Eine Rasenfläche in der Mitte des Gartens ist einer Palmensammlung vorbehalten.

Seine besondere Atmosphäre erhält der Garten durch die über das Gelände verteilten Exponate der Prasart'schen Sammlung. Erwähnenswert sind unter anderem die schön geformten alten Wassergefäße. Einige von ihnen sind außergewöhnlich groß und stammen noch aus der Sukhothai-Periode; andere weisen chinesische Ornamente auf und sind mit Seerosen bepflanzt. Zur Sammlung gehören auch Holzschnitzereien aus Nordthailand und eine Kollektion interessanter chinesischer Steinfiguren in Tier- und Menschengestalt. Figuren dieser Art kamen Anfang des 19. Jh. in größeren Mengen auf Handelsschiffen ins Land und wurden zu einem charakteristischen Merkmal thailändischer Tempel- und Palastgärten.

Rechts: *Die Gartenwege säumt breitblättriges malaiisches Gras, das sowohl in der Sonne wie im Halbschatten gedeiht; der Wasserbehälter stammt aus Thailand.*

Unten: *In den sonnigeren Teilen des Gartens findet man zahlreiche gestutzte Sträucher. Ihre symmetrischen Formen sind charakteristisch für traditionelle Thai-Gärten und gehen wahrscheinlich auf chinesische Einflüsse zurück. Es gibt auch eine große Auswahl an dekorativen Fächerpalmen sowie Bodendecker mit interessant gemusterten Blättern.*

Rechts: *Die an einem Seerosenteich gelegene Bibliothek eines Tempels. Früher pflegte man Bibliotheken immer über Wasser zu bauen, um die Manuskripte vor Termiten zu schützen. Zur Rechten sieht man wilden Sumpffarn (Acrostichum) und Zwergschraubenbäume mit gemusterten Blättern.*

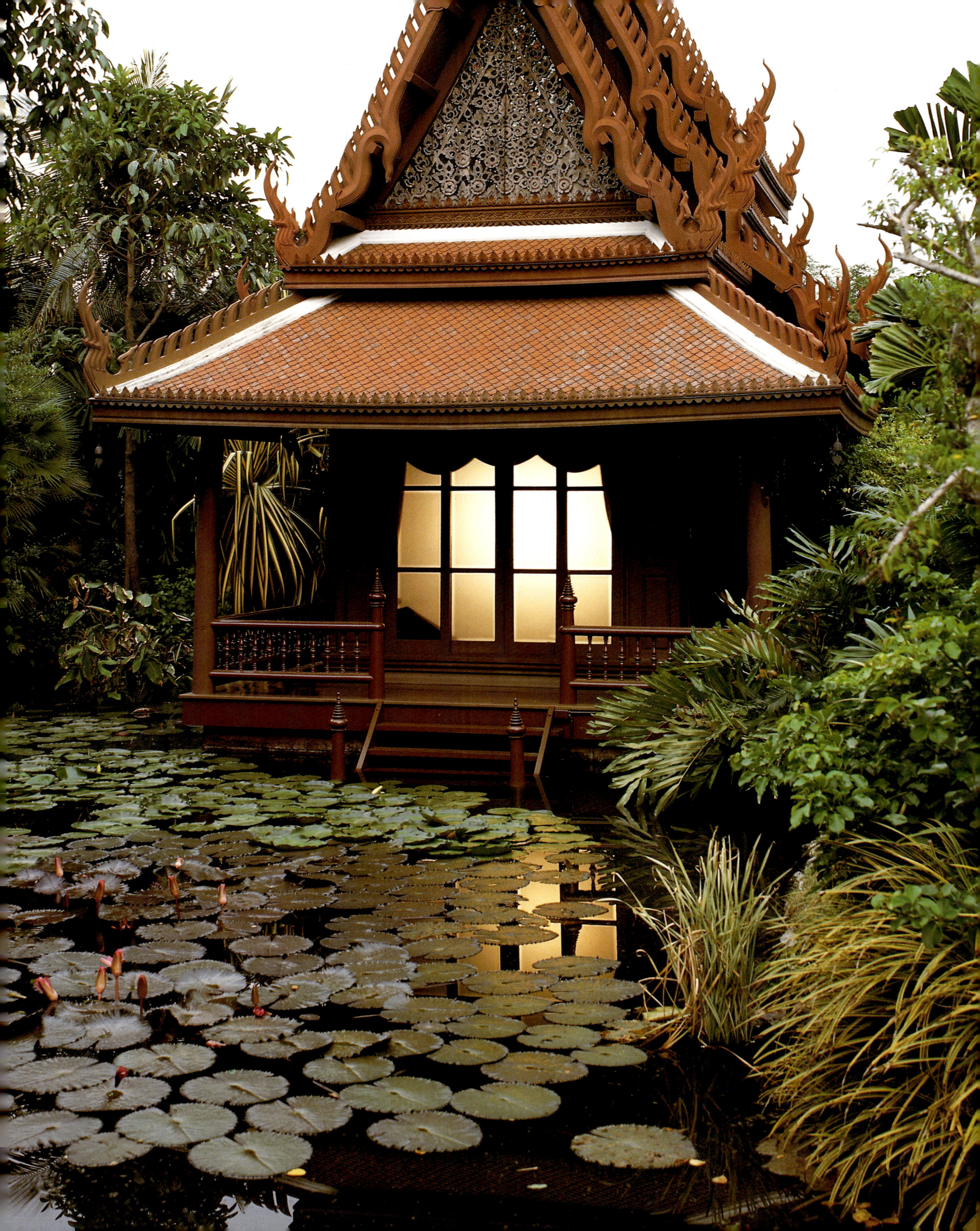

Seite 92, oben: *E*inige der zahlreichen Pagodenbäume im Garten des Prasart-Museums, die wegen ihrer interessant geformten Stämme und schönen Blüten angepflanzt wurden. Weiß blühende Bäume haben einen besonders ausgeprägten Duft, der wie bei den meisten tropischen Blüten nachts am intensivsten ist.

Seite 92, unten: *D*ie duftenden weißen Blüten von Plumeria rubra

Rechts: *P*agodenbäume umrahmen Tamnak Daeng, eine aus Teakholz erbaute Nachbildung eines klassischen Thai-Hauses aus dem frühen 19. Jahrhundert. Das Original steht auf dem Gelände des Nationalmuseums in Bangkok.

Obwohl er noch relativ jung ist, wird der Garten des Prasart-Museums heute schon als einer der bemerkenswertesten Gärten Thailands betrachtet. Sein Ansehen hat er sowohl seinem einfallsreichen Entwurf als auch seiner vielseitigen Sammlung sorgfältig ausgewählter Pflanzen zu verdanken. Zur Zeit wird der Garten auf das Doppelte seiner ursprünglichen Fläche erweitert.

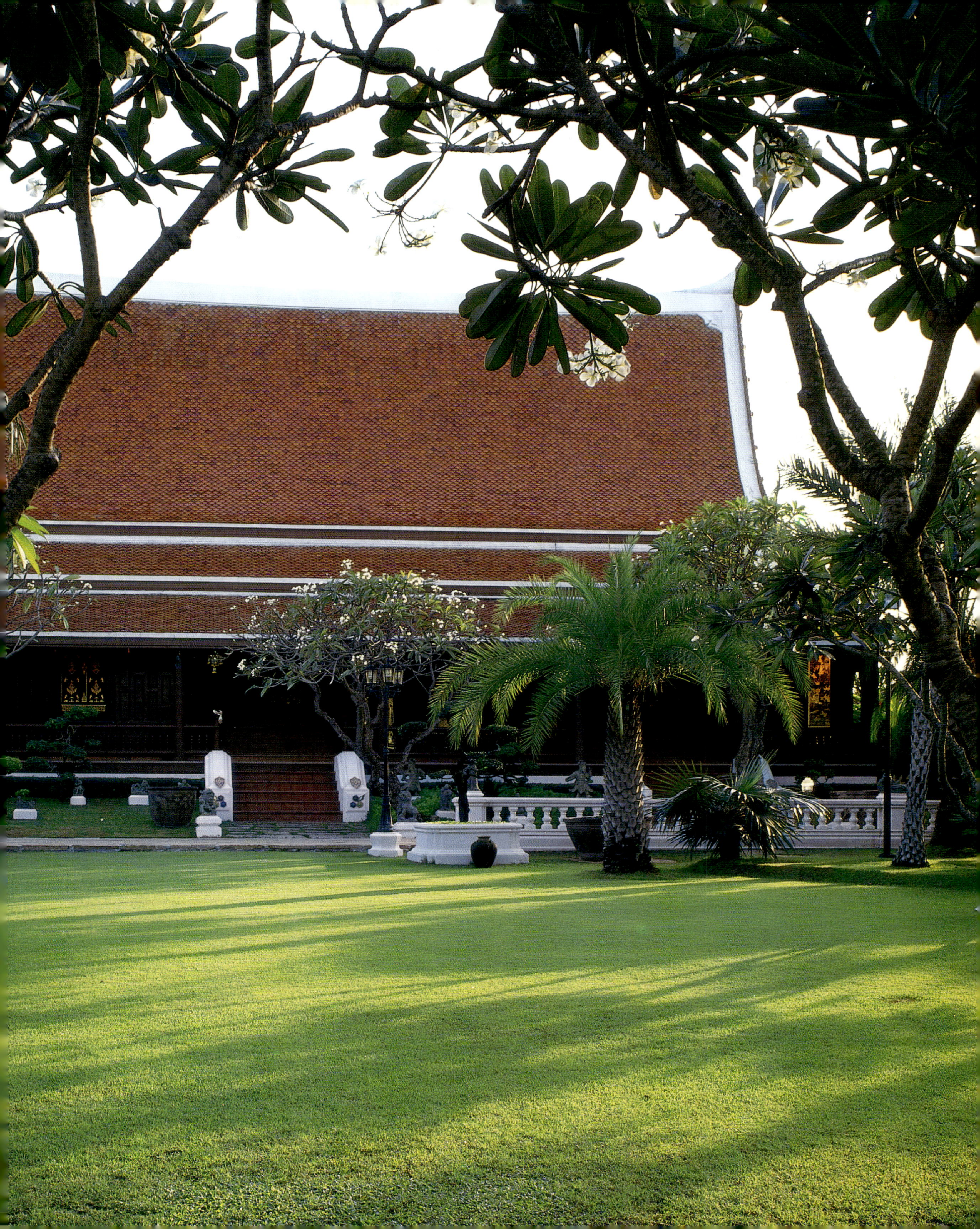

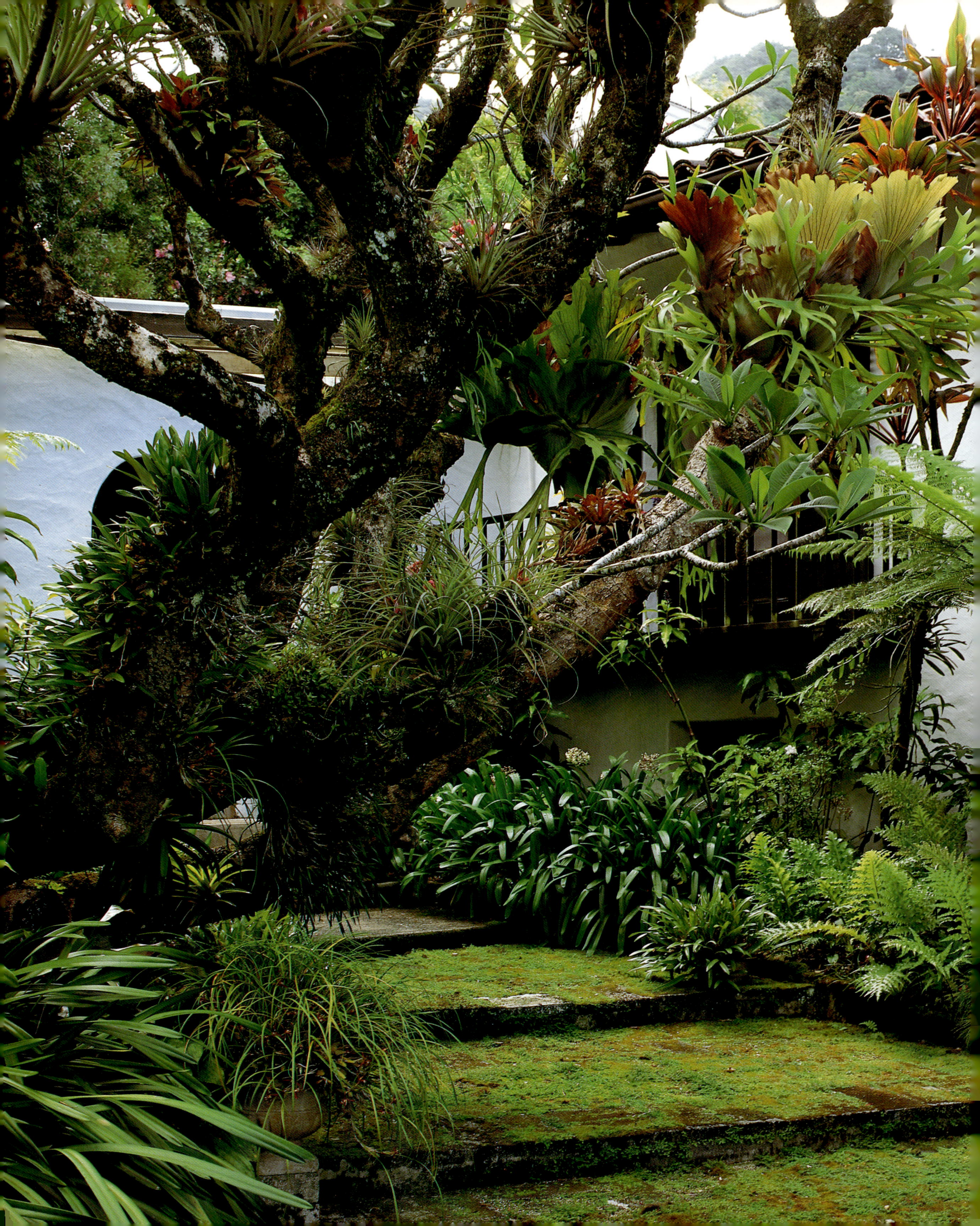

Links: *Bromelien und Keulenlilien, die beide gut in Honolulus Klima gedeihen, verleihen dem Hof von May Moir das ganze Jahr hindurch Farbe und liefern ihr obendrein noch Material für ihre Blumenarrangements. Neben anderen Zierpflanzen gibt es noch einen Baumfarn und auf einem Baumstamm angesiedelte Geweihfarne.*

Oben: *Blütenstände einer* Medinilla magnifica, *die von den Philippinen nach Hawaii kam*

May Moirs Garten auf Hawaii

Bei den Gartenliebhabern der Gegend ist die auf Hawaii geborene May Moir wegen ihrer Pflanzenkenntnisse und ihrer phantasievollen „Blumenskulpturen" seit langem berühmt. Sie fertigt ihre Kunstwerke aus Blüten und aus den verschiedensten anderen pflanzlichen Materialien, die sie zudem wöchentlich an die Kunstakademie von Honolulu liefert. Aus ihrer Feder stammt ein bekanntes Buch über das Arrangieren von Blumen sowie ein Gartentagebuch *(The Garden Watcher)*, das den jahreszeitlichen Wandel in Lipolani, ihrem im Nuuanu-Tal von Honolulu gelegenen Garten, beschreibt.

Als Frau Moir vor rund vierzig Jahren ihr Haus bezog, wurde das dazugehörige, relativ kleine Grundstück fast zur Gänze von der international berühmten Orchideensammlung ihres Mannes in Beschlag genommen. Zusammen begann das Ehepaar dann jedoch, einen vielseitigeren Garten zu schaffen. Von den Orchideen sind nur noch wenige übriggeblieben. In einem kleinen, dem Wohnhaus angeschlossenen Gewächshaus wächst hauptsächlich rosa oder weiß blühende *Phalaenopsis*.

Der Eingangsbereich des Gartens leuchtet das ganze Jahr hindurch in prächtigen Farben. Die Beete dort sind dicht mit Bromelien und Keulenlilien bepflanzt. Im Mai, als die Aufnahmen zu diesem Buch entstanden,

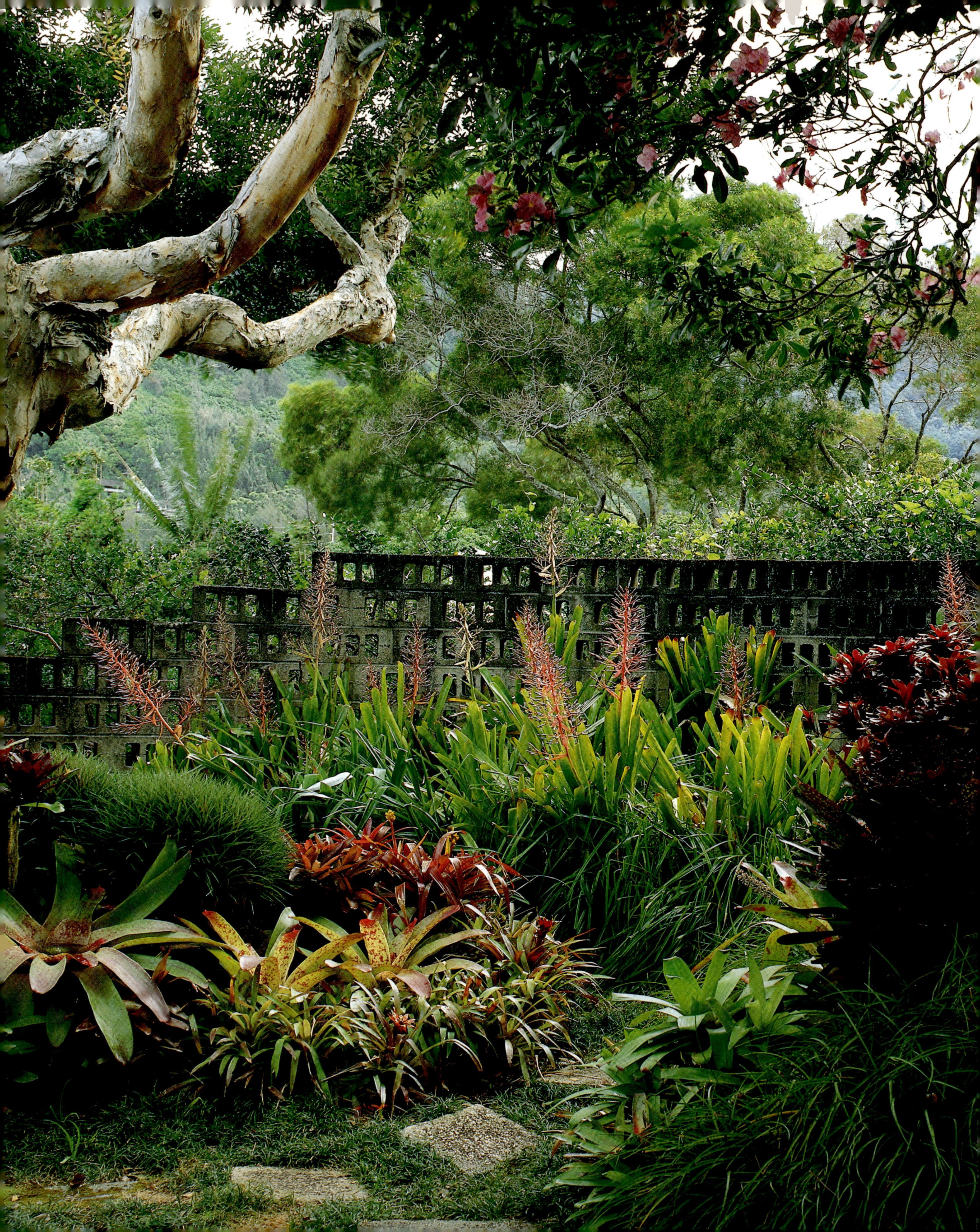

Links: *An einer Seite des Hauses wachsen in den raffiniertesten Farben schimmernde Bromelien. Man kann sie durch ein großes Panoramafenster vom Haus aus bewundern. Auf Hawaii liebt man Bromelien sowohl wegen ihrer schönen Blätter als auch wegen ihrer gelegentlich erscheinenden prächtigen Blütenstände.*

boten zudem die prächtigen rosafarbenen Blüten einer großen Medinille *(Medinilla magnifica)* einen atemberaubenden Anblick. Die auf den Philippinen heimische Pflanze blüht auf Hawaii ungefähr zwei Monate lang. Vom Wohnzimmer des Hauses schaut man durch ein großes Panoramafenster auf weitere Bromelien. Deren Farben sind auch in den Bezügen der Sofakissen wiederzufinden.

Hinter dem Haus bietet eine schattige, aus Ziegelsteinen erbaute Terrasse ideale Lebensbedingungen für Farne, Moose und Epiphyten. Auf einer tiefer gelegenen freien Fläche wachsen verschiedene Ingwergewächse und Heliconien, die Frau Moir für ihre Blumenarrangements verwendet.

Oben rechts: *Das gedämpfte Sonnenlicht auf der Backsteinterrasse hinter dem Haus bietet ideale Wachstumsbedingungen für eine Anzahl von Farnen, Moosen und epiphytisch lebenden Orchideen.*

Rechts: *In einem dem Haus angeschlossenen Gewächshaus wachsen weiß und rosa blühende Phalaenopsis-Hybriden. Die langen Blütenrispen dieser Orchideen neigen sich über die am Boden stehenden Begonien.*

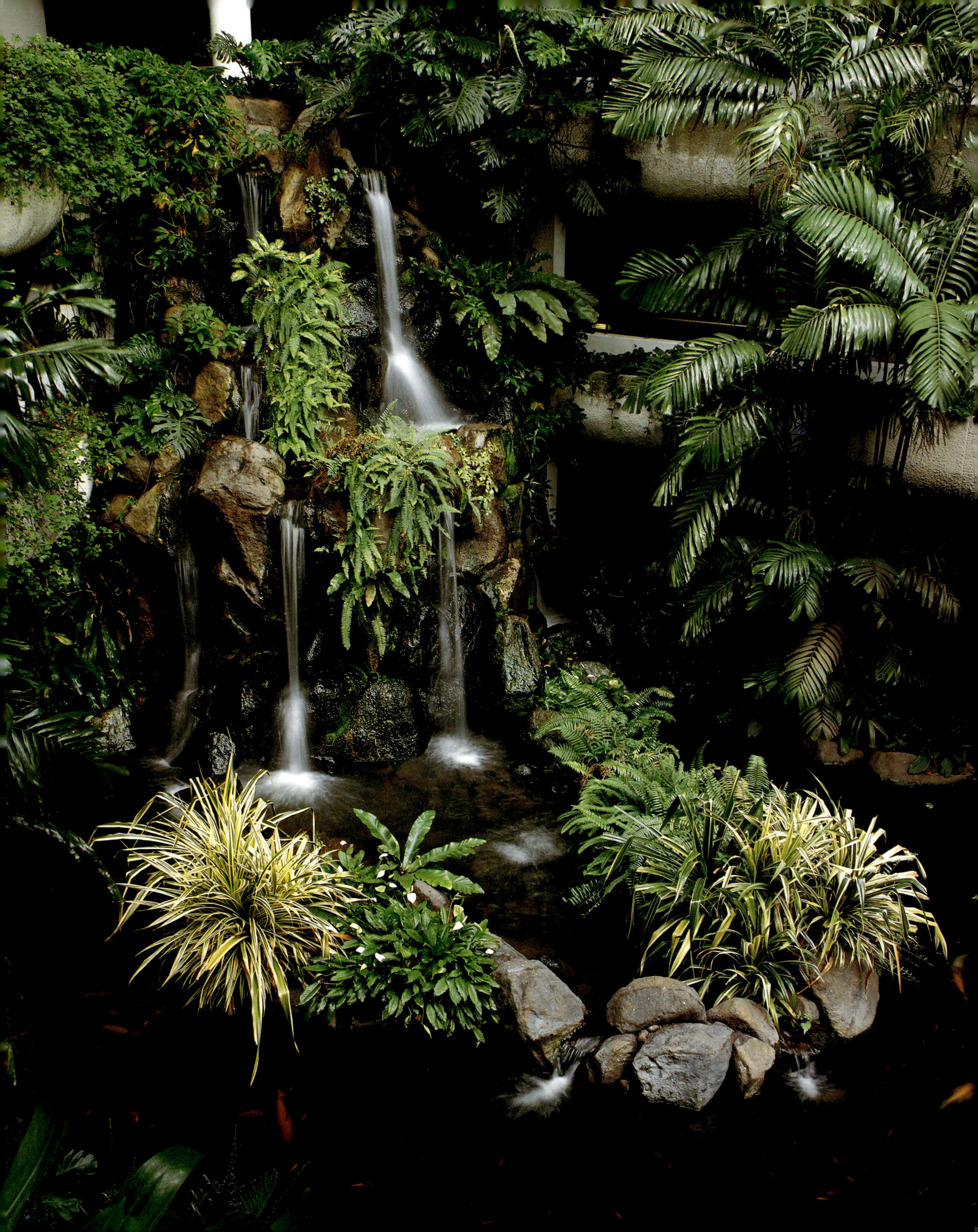

Links: *Palmen, Farne, Philodendron,* Spathiphyllum *und andere sorgfältig plazierte Zierpflanzen verleihen dem im Inneren des Hotels angelegten Garten eine richtige Urwaldatmosphäre. Ein künstlicher Wasserfall, der sich in ein tiefergelegenes Becken ergießt, vervollkommnet die Illusion.*

Das Shangri-La-Hotel in Singapur

Sogar in Singapur, einer Stadt, die für ihre schönen öffentlichen Anlagen berühmt ist, hat der Garten des Shangri-La-Hotels Aufsehen erregt und die Gestaltung anderer Gärten in der Region beeinflußt. Die von einer amerikanischen Firma entworfene Anlage ist zum Teil in das Hotelgebäude integriert, teils wächst sie förmlich an diesem empor. Bougainvillien überfluten die Balkons der Zimmer und wuchern in offenen Zugängen, in der Empfangshalle sowie im Restaurationsbereich. Sie sind eines der auffälligsten Merkmale dieses Hotels.

Ein höhergelegener Hof des Erdgeschosses ist dicht mit bodendeckenden Blütenpflanzen, Farnen, Palmen und anderen Exoten bewachsen. Von ihm aus ergießt sich ein Wasserfall in einen tiefergelegenen, ebenfalls prächtigen Garten in der Nähe des Cafés.

Der das Hotel umgebende Garten ist in unterschiedliche Bereiche unterteilt: Nahe dem Swimming-pool gibt es offene Rasenflächen mit verein-

Rechts: *Nestfarn* (Asplenium nidus), *Hakenlilien* (Crinum), *wilde Farne und andere feuchtigkeitsliebende Pflanzen säumen in sehr ansprechender Weise einen künstlich angelegten Wasserlauf.*

zelten Kokospalmen und blühenden Bäumen, während an anderen Stellen eine ausgesprochene Dschungelatmosphäre herrscht. Dort findet man riesige Bambuspflanzen, die bereits vorhanden waren, als das Hotel gebaut wurde, außerdem „Roten Ingwer" *(Alpinia purpurata),* Heliconien, Philodendren und Beete mit weiß blühendem Scheidenblatt *(Spathiphyllum).*

Beim Entwurf des Hotelgartens des Shangri-La orientierte man sich an Anlagen auf Hawaii und in anderen tropischen Teilen Amerikas, wo die Planer zuvor schon tätig gewesen waren. Der hier beschriebene Garten war einer der ersten in Südostasien, in dem ein neues Gestaltungskonzept verwirklicht wurde, das überzeugend demonstriert, daß selbst nüchterne Zweckbauten beträchtlich an Reiz gewinnen können, wenn man ihre strenge Architektur durch gärtnerisch gestaltete Flächen auflockert. Diese Erkenntnis findet zunehmend Beachtung, nicht nur beim Bau neuer Hotels, sondern auch beim Bau neuer Flughäfen, Bürohäuser und anderer öffentlicher Gebäude.

Oben: *Ein offener Wandelgang führt an Pagodenbäumen und Palmen vorbei, die von niedrigen, dicht wachsenden Zierpflanzen umgeben sind.*

Rechts: *In einem zum Café hinabführenden Garten im Innenhof des Hotels wachsen Baum- und Nestfarne,* Spathiphyllum, *Keulenlilien und verschiedene Palmen.*

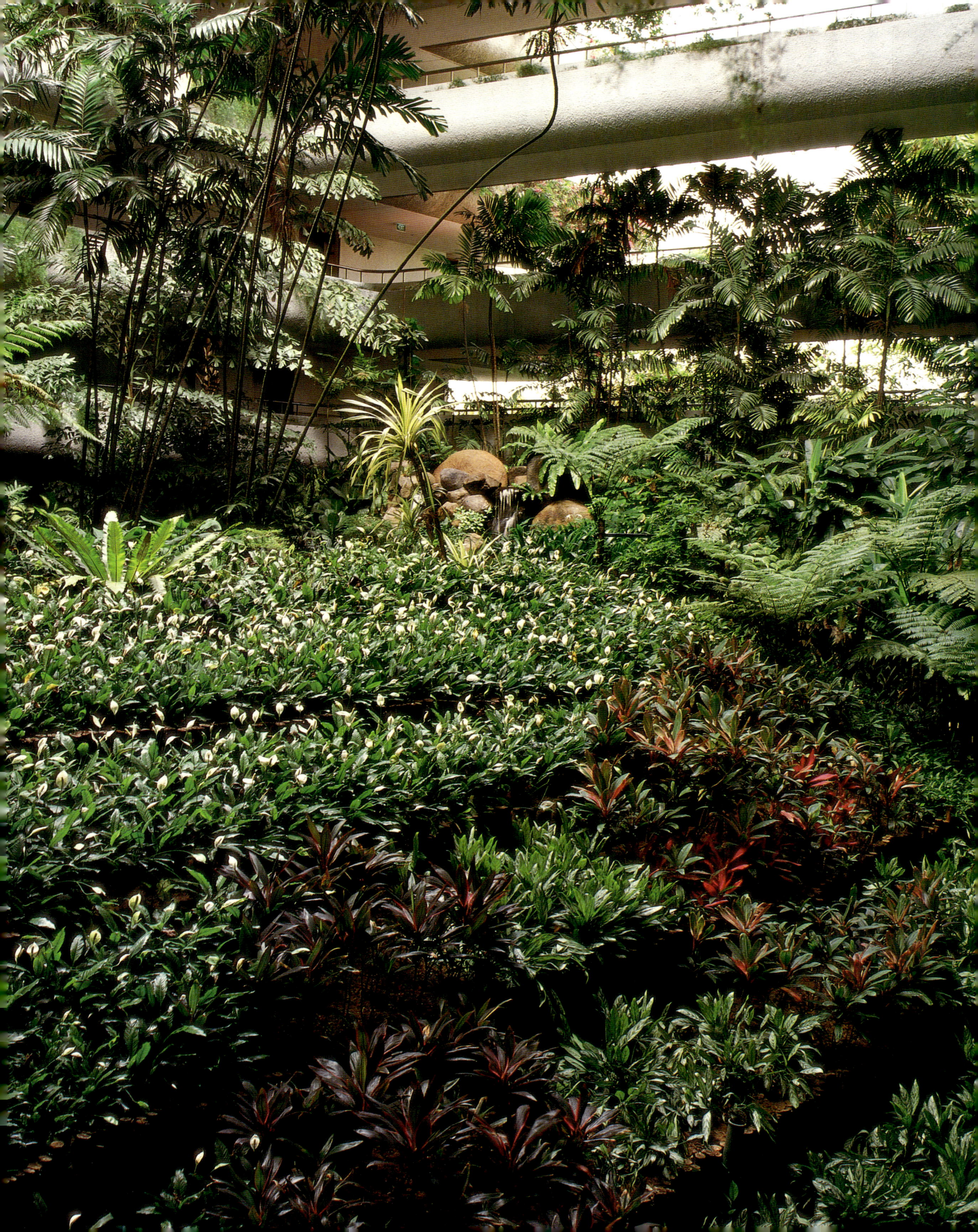

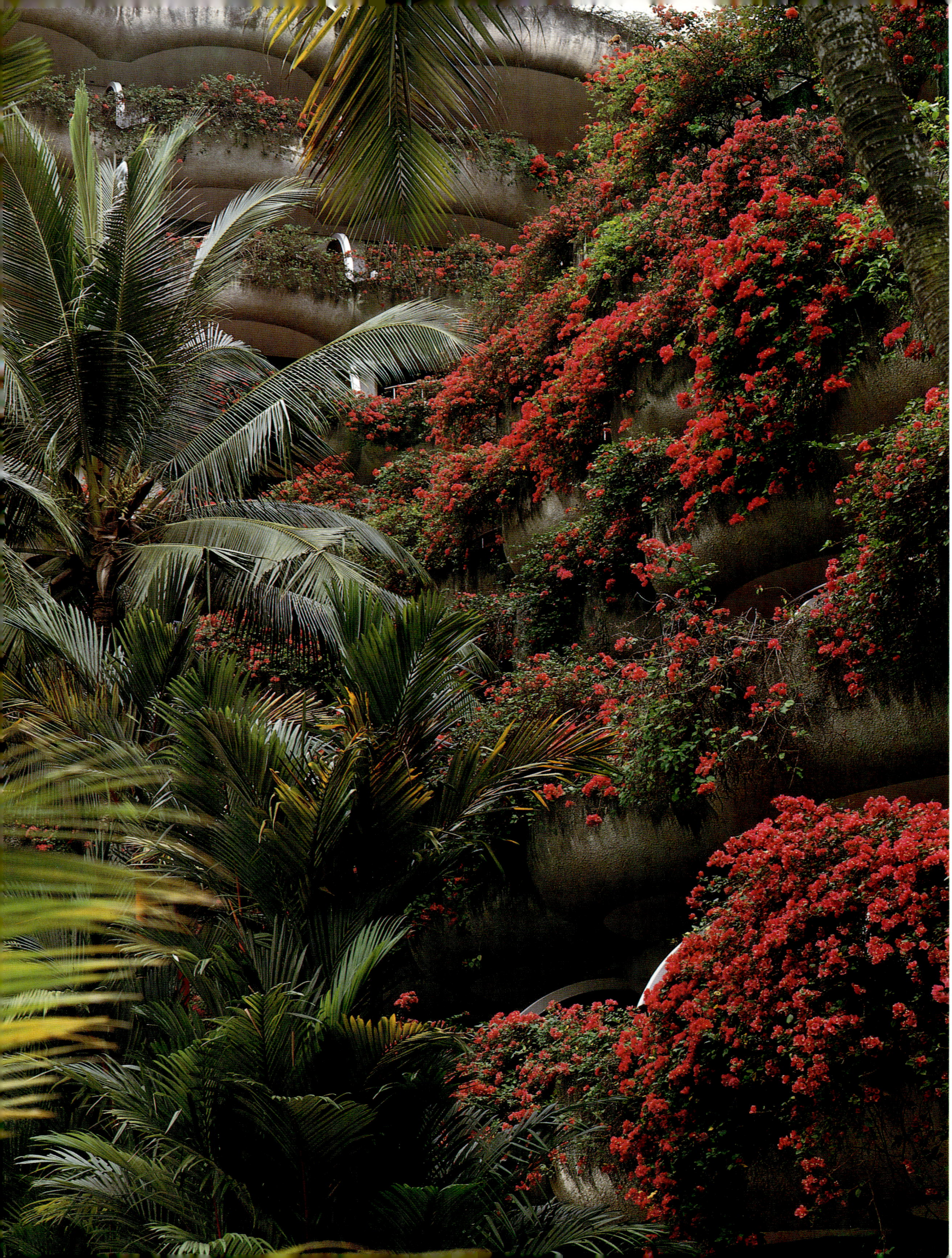

Seite 102: *Eines der hervorstechendsten Merkmale des Shangri-La-Hotels sind die allenthalben aus Pflanzbehältern wuchernden* Bougainvillien. *Sie bezaubern nicht nur durch ihre Blütenpracht, sie mildern auch die harten Konturen des Gebäudes und vermitteln dem Gast das Gefühl, allseits von Pflanzen umgeben zu sein.*

Oben: *Der außerhalb des Hotels gelegene Garten wird geschmückt durch im Rasen angelegte Inseln aus Zierpflanzen. Bei der Auswahl der Pflanzen waren neben den Farben der Blüten auch die kontrastierenden Farben der Blätter von Bedeutung.*

Unten: *Blick auf die üppig begrünte Hotelfassade. Die meisten Palmen und Bäume standen bereits auf dem Gelände, als das Hotel erbaut wurde.*

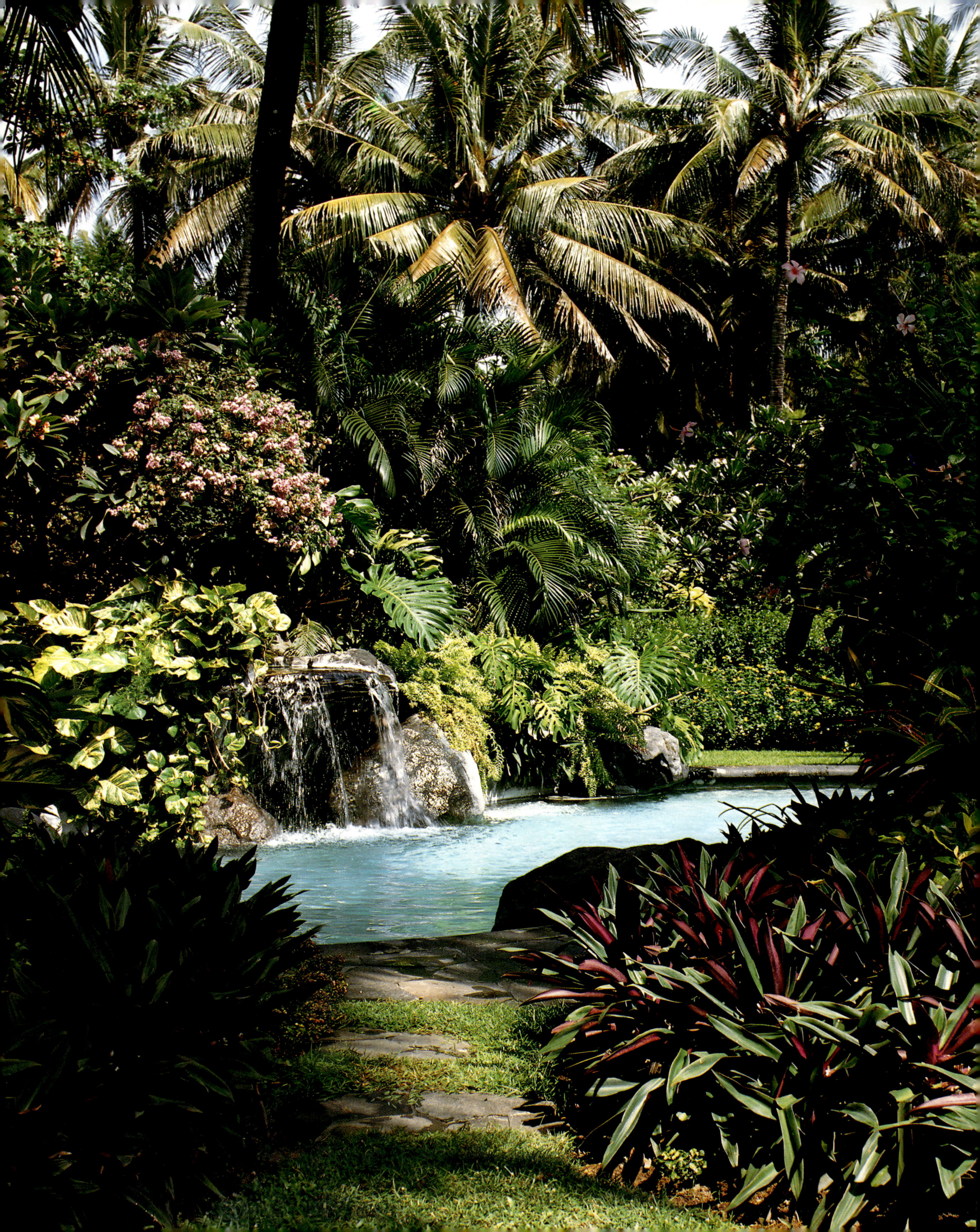

Die Gärten von Batujimbar auf Bali

Die ungeheure Anziehungskraft, die Bali auf romantisch veranlagte Menschen aus der westlichen Welt ausübt, ist eng mit Sanur verknüpft. Hier, nicht weit von der Hauptstadt Denpasar entfernt, bauten die ersten fremden Bewunderer der Insel ihre Häuser an den malerischen Strand. Sie fotografierten, drehten Filme und schrieben Bücher, die die Aufmerksamkeit der Öffentlichkeit erregten. Unter diesen Leuten waren Katharane Edson Mershon und der Maler Walter Spies, die zusammen die Choreographie zu einer ganzen Anzahl noch immer beliebter balinesischer Tänze entwarfen, ferner die Anthropologin Jane Belo (Autorin von ‚Trance auf Bali'), Vicki Baum (Autorin von ‚Liebe und Tod auf Bali') sowie die australischen Künstler Donald Friend und Ian Fairweather. Während der dreißiger Jahre besuchten auch Berühmtheiten wie Noel Coward, Charlie Chaplin und Barbara Hutton die Insel und verbreiteten die Kunde von ihrem einzigartigen Zauber. Donald Friend war es, der das erste Haus auf dem Gelände des heute unter dem Namen ‚Batujimbar' bekannten Landsitzes erbauen ließ. Berichten zufolge lebte er dort wie ein König, umgeben von einem Gamelan-Orchester und der schönsten Kunstsammlung der Insel. Heute besteht Batujimbar aus rund einem Dutzend privater Anwesen, deren Gärten sich durch außergewöhnliche Schönheit auszeichnen. Sie sind teils durch die für Bali typischen Korallenmauern voneinander getrennt, teils gehen sie aber auch ineinander über und bilden so gemeinschaftlich genutzte Flächen mit Rasen und dichten Ziergehölzen. Als Schutz gegen den von der See her wehenden salzigen Monsun wurden einheimische Schraubenbäume mit widerstandsfähigen, scharf gezackten Blättern an der Ufermauer entlang gepflanzt. Auf den Terrassen der Häuser wuchert *Bougainvillea* in großen steinernen Pflanztrögen. Eine Fülle von Ziersträuchern mit farbigem Laub, darunter Keulenlilien, *Codiaeum*, *Sanchezia* und *Pseuderanthemum* sowie niedrige Bodendecker *(Scindapsus, Syngonium, Rhoeo* und andere) verleihen den Blumenbeeten farbige Akzente. Schattige Bereiche wurden dicht mit „Rotem Ingwer" *(Alpinia purpurata), Alocasia, Philodendron* und Frauenhaar (einem Farn) bepflanzt und vermitteln so eine echte Dschungelatmosphäre.

Von den Pflanzen, die jetzt in Batujimbar gedeihen, gelangten viele über den Garten des ebenfalls an der Sanur Beach gelegenen Bali Hyatt-Hotels auf die Insel. Dies ist nicht weiter erstaunlich, da beide Gartenanlagen von den gleichen Gartenarchitekten geschaffen wurden.

Hoch aufragende Palmen bilden den Hintergrund für eines der Schwimmbecken im Garten. Ein von Philodendron *und goldblättrigem* Scindapsus *umwucherter künstlicher Wasserfall sorgt für frisches Wasser. Im Vordergrund wächst* Rhoeo *mit seinen auf der Unterseite violett gefärbten Blättern.*

Seite 106, oben: *S*orgfältig gepflegte Rasenflächen verbinden die verschiedenen Privatgärten von Batujimbar miteinander. Die meisten Bäume sind älter als die Häuser des Landsitzes.

Seite 106, unten: *B*eete mit interessant gefärbten Blattpflanzen, wie Keulenlilien, Codiaeum, Sanchezia, Rhoeo *und* Alternanthera, *liegen wie bunte Inseln in der mit Bäumen bestandenen Rasenfläche.*

Rechts: *K*okospalmen, Bananenstauden, Ingwergewächse und andere tropische Pflanzen verleihen den schattigeren Bereichen des Gutes eine urwaldähnliche Atmosphäre. Auf dem Baumstamm im Vordergrund wächst eine einheimische Orchidee.

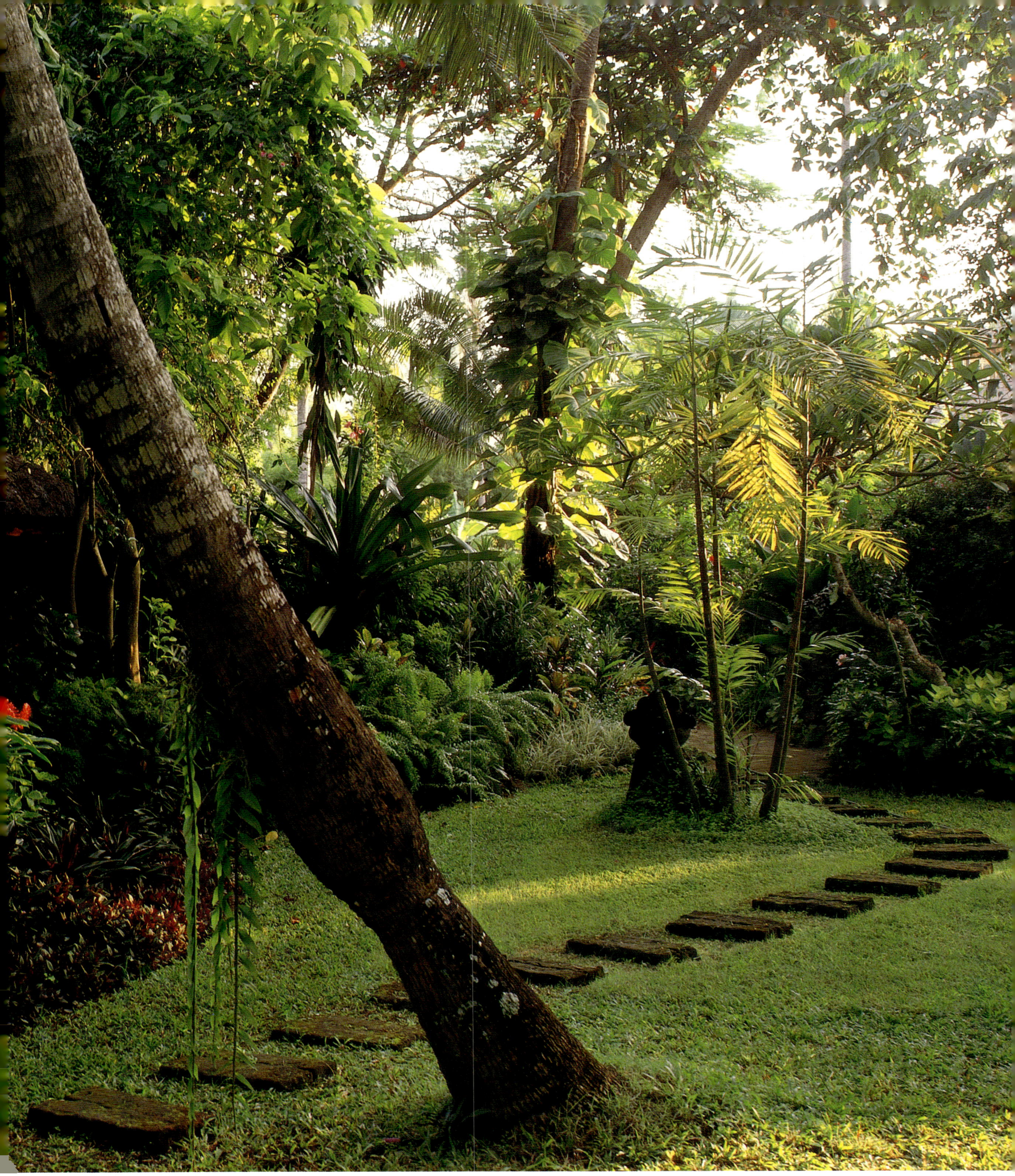

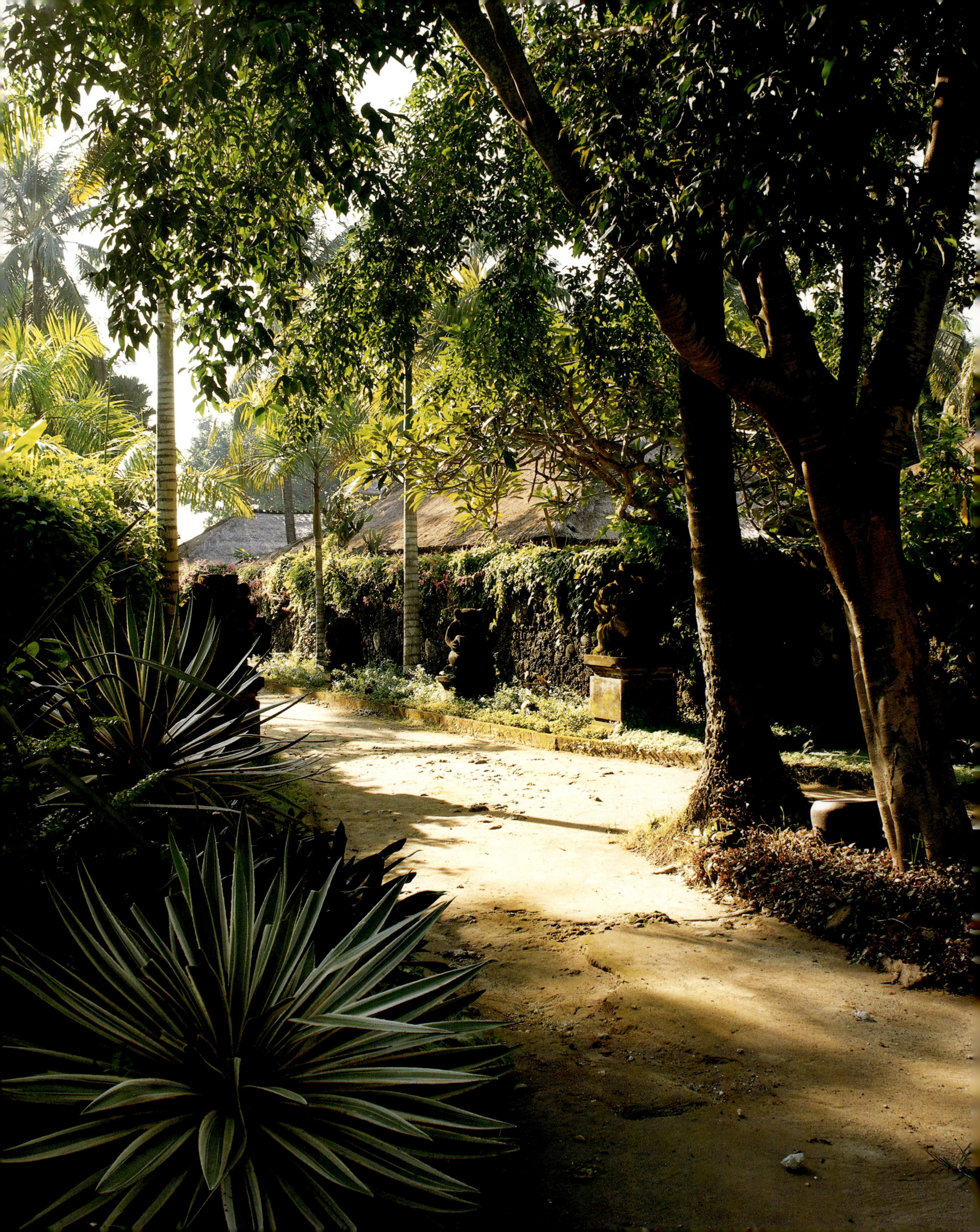

Links: *Eine der Auffahrten in Batujimbar wird gesäumt von den Steinmetzarbeiten einheimischer balinesischer Künstler. Eine Mauer im Hintergrund ist von Mexikanischem Knöterich (Antigonon leptopus) überwuchert; im Vordergrund sind die stachelbewehrten Blätter von Agaven zu sehen.*

Unten: *Ein im Garten stehendes Gästehaus wurde mit Hilfe von Kübelpflanzen in eine Laube umgewandelt. Eine Riesenvariante des Frauenhaar-Farns sowie Philodendron und andere Exoten sorgen für Sichtschutz und erzeugen gleichzeitig eine üppige Tropenatmosphäre. Die im Hintergrund sichtbaren Möbel sind aus einheimischem Riesenbambus gefertigt.*

Wie überall auf Bali, sind Teiche in Batujimbar ein wichtiges Element der Landschaftsgestaltung. In manchen wachsen Wasserhyazinthen, Wassersalat und Papyrus, in anderen allein weiß oder rosa blühende Lotosblumen. Eines der Schwimmbecken ist fast ganz von tropischen Pflanzen umrahmt und wirkt durch einen Wasserfall nahezu natürlich. Die Häuser sind zumeist in balinesischem Stil erbaut und mit Bambus- und Rattanmöbeln ausgestattet. Ihre sehr offene Bauweise erlaubt es den Bewohnern, von fast jedem Punkt ungehindert in den Garten zu blicken. Als Dekoration dienen Laternen und balinesische Steinmetzarbeiten.

Nicht weit entfernt, ebenfalls in Sanur, liegt Tandjung Sari, eine Bungalow-Siedlung, deren Eigentümer, Wiya Wawo-Runto, auch einer der Mitbegründer von Batujimbar ist. Die Feriensiedlung wurde 1962 als eine der ersten dieser Gegend gebaut. Mit ihren farnbedeckten Korallenwänden, den Innenhöfen voll üppiger Vegetation und ihrer umfangreichen Sammlung balinesischer Kunstgegenstände aus Holz und Stein ist sie auch heute noch eine der schönsten.

Beispiele für die gärtnerische Gestaltung von Tanjung Sari, einer nahe Batujimbar am Strand gelegenen Bungalow-Siedlung.

Links, oben: *Das Tuch, das eine balinesische Steinfigur im Garten der Anlage trägt, ist eine Opfergabe.*

Links, Mitte: *Ein mit Farnen und verschiedenen Kletterpflanzen zu einem privaten Garten umgestalteter Hof am Badezimmer eines der Bungalows. An der Backsteinmauer im Hintergrund hängt ein balinesisches Holzrelief.*

Links unten: *Im Becken dieses mit Figuren verzierten balinesischen Steinbrunnens wächst Wassersalat (Pistia).*

Rechts: *Dieser von Farnen und exotischen Pflanzen locker umgebene kleine Fischteich wird durch einen künstlichen Wasserfall gespeist.*

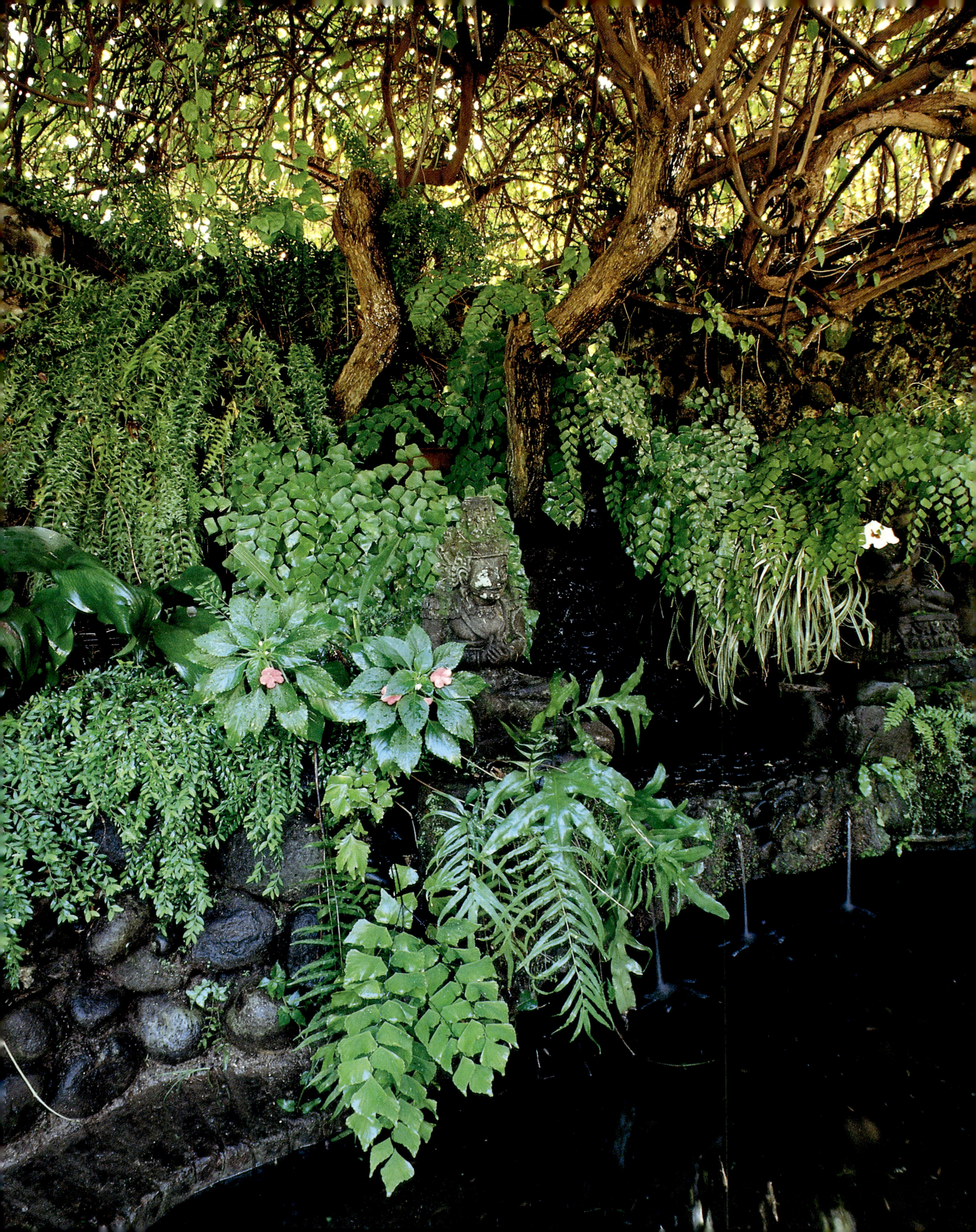

Der Garten des Museums für zeitgenössische Kunst in Honolulu

Das Museum für zeitgenössische Kunst liegt oberhalb von Honolulu am Makiki Heights Drive, von wo aus man einen Panoramablick auf die Stadt genießt. Die älteren Anwohner kennen das Anwesen noch unter der Bezeichnung *Spaulding Estate* (Gut Spaulding). Den Spauldings, einer angesehenen Familie, ist es zu verdanken, daß der Garten heute eine echte Sehenswürdigkeit darstellt.

Obwohl fortwährend neue Pflanzen hinzugekommen sind, ist der ursprüngliche Charakter der sich über mehrere Ebenen erstreckenden Anlage größtenteils erhalten geblieben. Einige der älteren Gehölze sind zurechtgestutzt worden; zu ihnen gehören die ‚Natalpflaume‘ *(Carissa grandiflora)* und die ‚Surinamkirsche‘ *(Eugenia uniflora)*, die sich beide wegen ihres dichten Blattwerks recht gut für den Schnitt eignen. Ihre geometrischen Formen bieten einen interessanten Hintergrund für die im Garten aufgestellten modernen Skulpturen des Museums.

Das Zentrum des Gartens bildet eine abschüssige Rasenfläche, die ganz von einem riesigen, schirmförmigen Regenbaum *(Samanea saman)* beherrscht wird. Unterhalb davon liegt eine Schlucht mit einem schattigen Garten. Er ist in klassisch japanischem Stil gehalten, trägt aber dennoch unverkennbar tropische Züge. Dort wachsen an den Rändern eines felsigen Bachbetts interessante Bodendecker, unter ihnen *Selaginella umbrosa* (eine Art der Gattung Moosfarn), *Peperomia* mit auffällig gemusterten Blättern, *Rhoeo* und *Pilea nummularifolia*. An den steilen Oberhängen hat sich ein dichter Bewuchs aus Flamingoblumen *(Anthurium)*, Philodendren, Heliconien, Feigen und anderen Exoten gebildet.

*E*in ehrwürdiger Regenbaum (Samanea saman) breitet seine charakteristisch geformte Krone über dem weitläufigen Rasen des Museums für Zeitgenössische Kunst aus. Im Hintergrund erkennt man den Diamond Head und die Wolkenkratzer der Innenstadt von Honolulu.

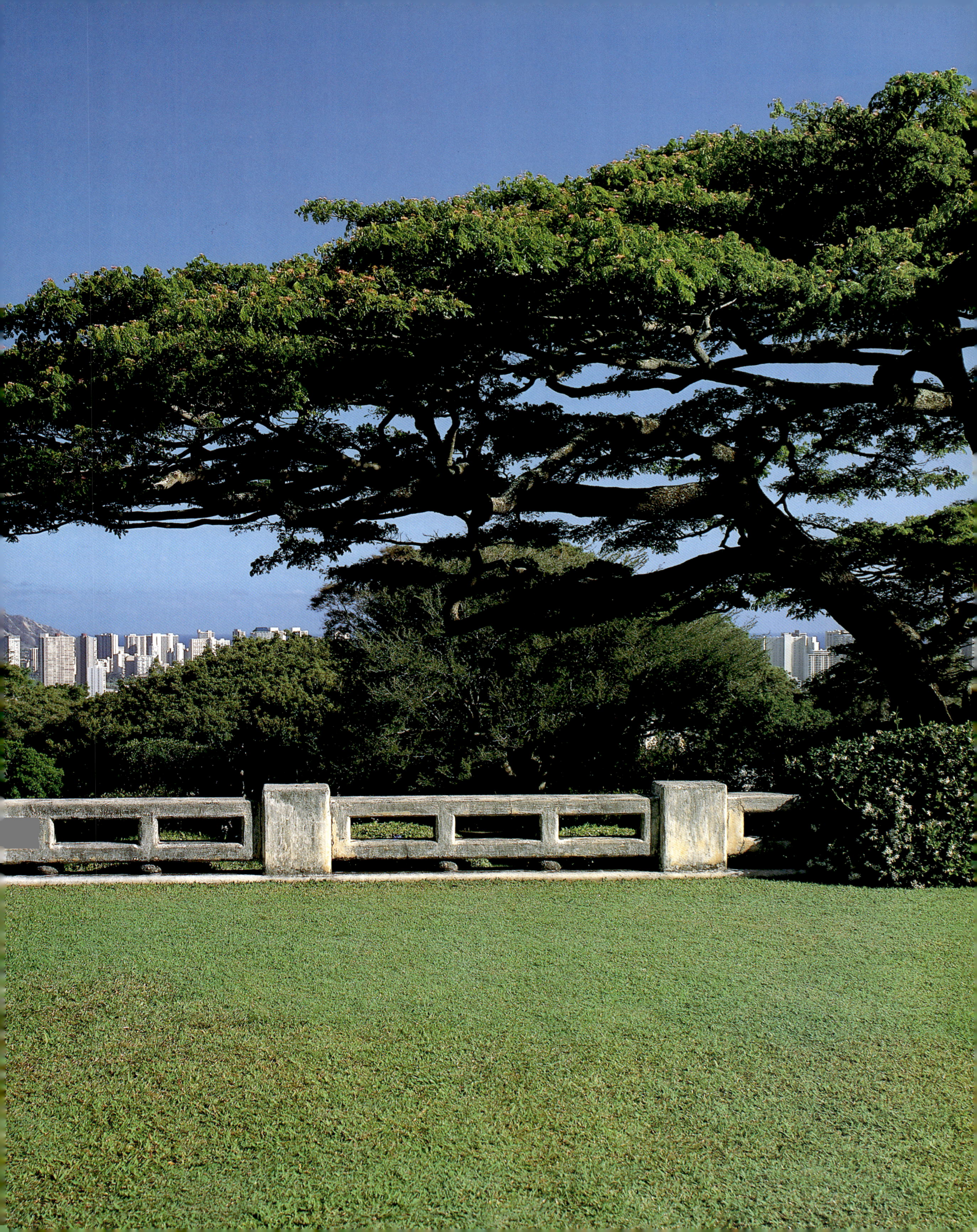

Unten: *Im Garten des Museums entstanden durch sorgfältigen Schnitt verschiedener immergrüner Sträucher Hecken, die sich sehr gut als Hintergrund für moderne Skulpturen eignen.*

Rechts: *In einer tiefergelegenen Schlucht befindet sich ein „japanischer" Garten mit tropischem Charakter. Flamingoblumen und Heliconien sowie eine reichhaltige Auswahl an Bodendeckern wachsen an einem felsigen Bachbett entlang. Auf einem Baum zur Rechten blüht eine Bromelie.*

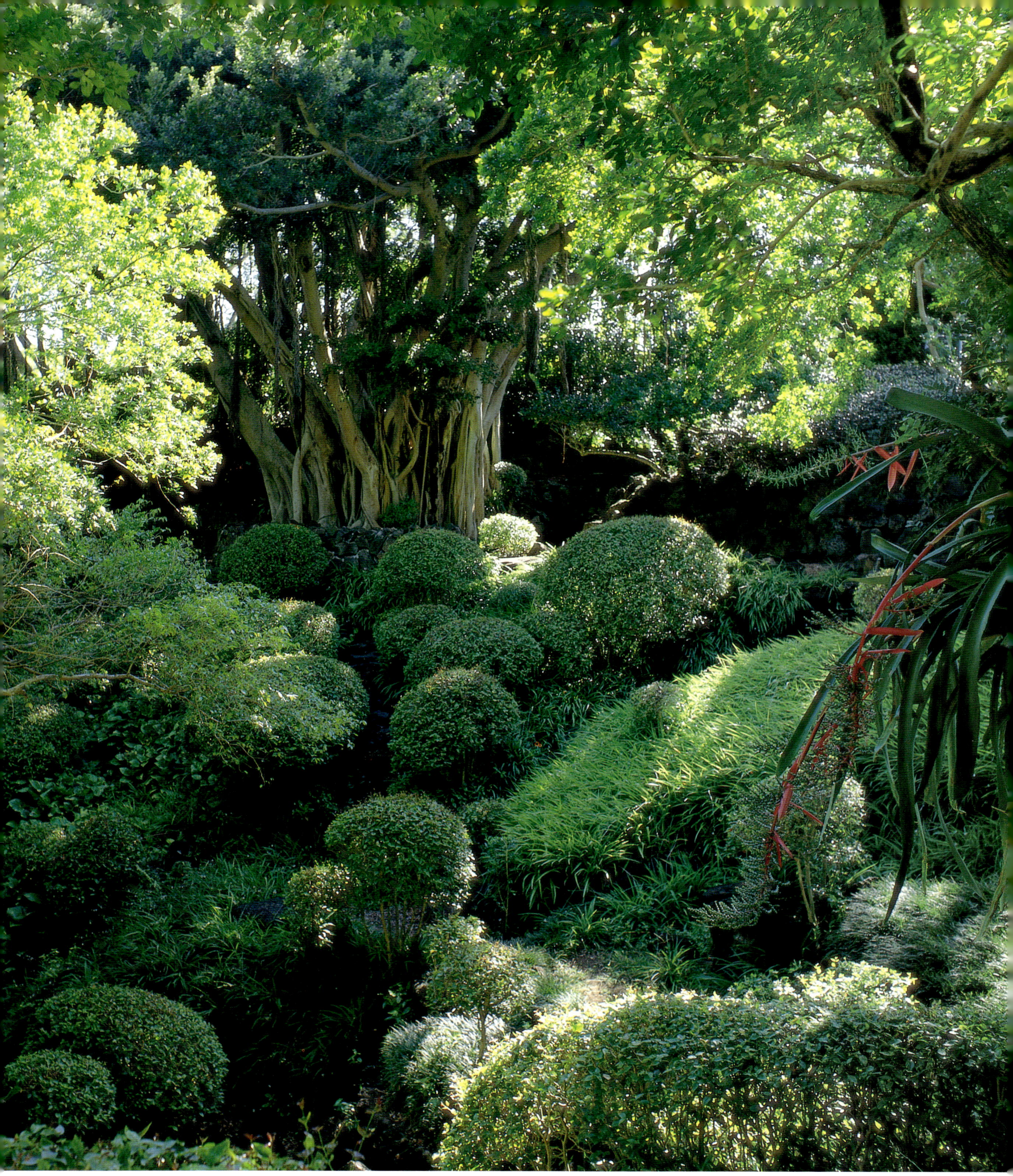

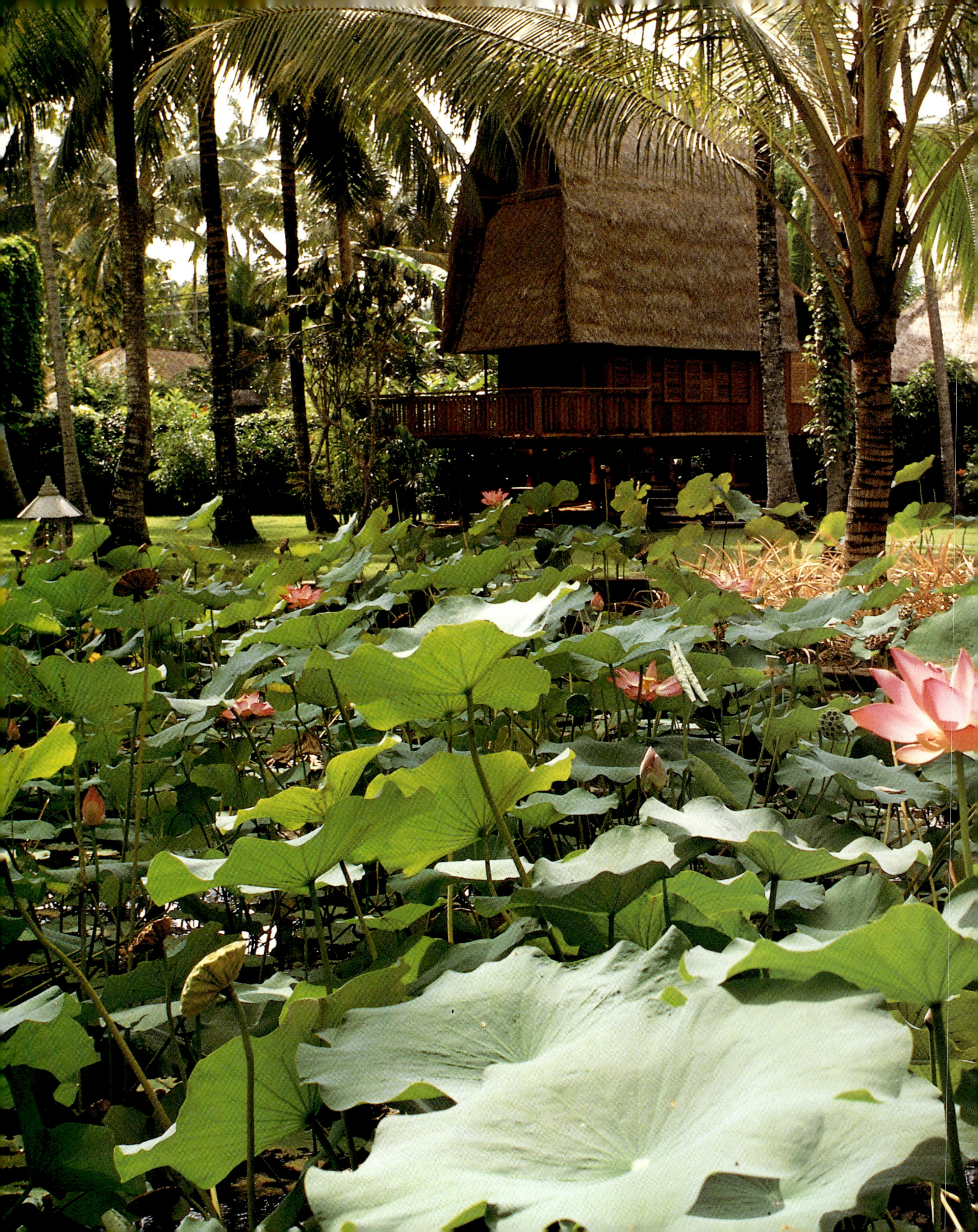

Ein Landsitz auf Bali

Seit im Jahre 1920 ein regelmäßiger Fährverkehr zwischen Java und Bali eingerichtet wurde, hat der einzigartige Zauber Balis Fremde aus aller Welt angelockt. Viele von ihnen, insbesondere Künstler und Intellektuelle, lebten für längere Zeit auf der Insel. Der bei Sanur gelegene Landsitz, der hier beschrieben wird, wurde von einer Gruppe dieser ‚Baliphilen' angelegt. Einige dieser Personen verbringen hier nur ihre Ferien, andere haben sich mehr oder weniger dauerhaft niedergelassen.

Im Taman Mertasari (dem ‚Garten des heiligen Wassers') gibt es eine Anzahl von Häusern, deren Stil sowohl Elemente balinesischer Architektur als auch Elemente der traditionellen strohgedeckten Reisscheunen in sich vereint. Außerdem gibt es einen offenen Pavillon nahe dem Schwimmbecken. Der gemeinsam genutzte Garten wurde bewußt einfach und großzügig gestaltet. Er besteht hauptsächlich aus sanftem Rasen und hohen Kokospalmen, die bereits dort wuchsen, als der Garten angelegt wurde. Hecken und Ziersträucher sorgen in der Nähe der Häuser für Sichtschutz und Abgeschiedenheit. Dieses Konzept erfordert wenig Pflege und ermöglicht eine optimale Luftzirkulation im Garten. Sogar in dem zentral gelegenen Lotosteich blieben einige Palmen stehen; um ihre Stämme herum wurde Erde aufgefüllt und mit der aus Brasilien stammenden ‚Roten Ananas' *(Ananas bracteatus)* bepflanzt. Die Gartenwege und eine Terrasse am Schwimmbecken wurden von einheimischen Handwerkern angelegt. Sie bestehen aus Platten vulkanischen Gesteins, zwischen denen feines japanisches Gras wächst.

Links: *Den Mittelpunkt des Gartens bildet ein großer Teich mit Lotosblumen, die auf Bali fast das ganze Jahr über blühen. Die Palme im Mittelgrund ist umgeben von ‚Roter Ananas' (Ananas bracteatus).*

Unten: *Die Lotosblume ist eines der ältesten Symbole asiatischer Kunst zwischen Indien und China.*

Oben: *Die im offenen balinesischen Stil erbauten Häuser des Anwesens sind alle dem zentralen Lotosteich zugewandt. Bereits auf dem Grundstück vorhandene Kokospalmen wurden bei der Planung der Gärten berücksichtigt.*

Rechts oben: *Gartenwege und Terrassen bestehen aus Platten vulkanischen Gesteins, zwischen denen feines japanisches Gras wächst; nachts werden sie durch balinesische Laternen beleuchtet.*

Rechts unten: *E*ine soeben erblühte Lotosblume; im Hintergrund ist eines der Häuser zu erkennen.

119

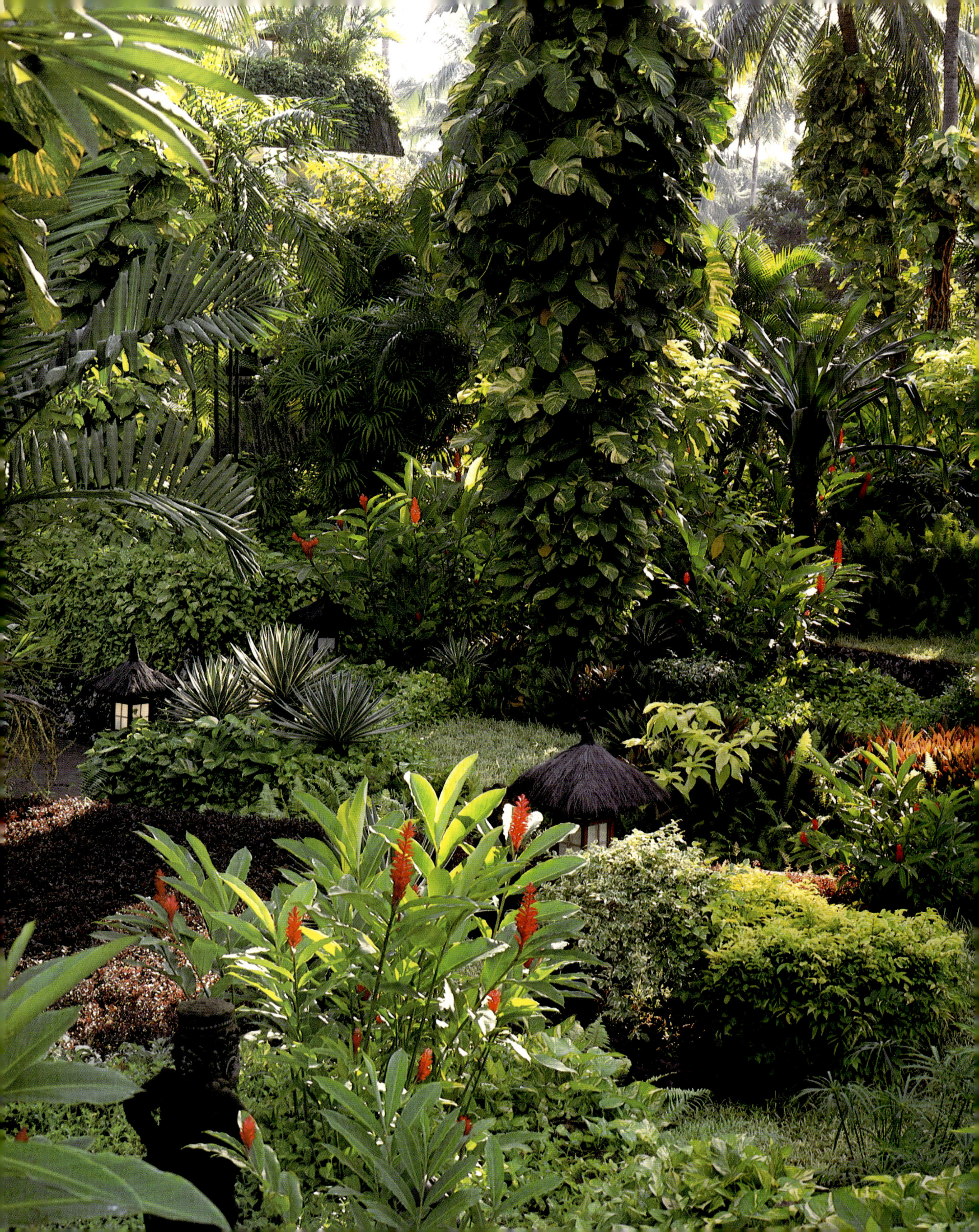

Der Garten des Bali Hyatt-Hotels

Der an der Sanur Beach gelegene Garten des Bali Hyatt-Hotels nimmt eine Fläche von etwa 18 Hektar ein. Er wurde seit der Fertigstellung des Hotels im Jahre 1973 von einer ganzen Reihe von Gartenarchitekten gestaltet beziehungsweise umgestaltet. Um die kahle Nüchternheit der Betonkonstruktion des Hotels zu mildern, hatte der australische Architekt Kerry Hill eine üppige Bepflanzung sowie Zierteiche vorgesehen. Seine Pläne wurden von dem balinesischen Gartenarchitekten Ketut Relly, einem Absolventen der Universität von Djakarta, in die Tat umgesetzt. 1981 wurde der Garten dann unter der Leitung des Australiers Michael White (in Bali auch unter dem Namen Made Wijaya bekannt) und seines Partners Ketut Marsa umgestaltet. Den optischen Schwerpunkt bildet seither ein Tropengarten, der fast die Hälfte des Geländes vor dem Hotel einnimmt. Darüber hinaus erwarb man Figuren und andere Werke balinesischer Künstler, die in den Innenhöfen und auf dem Hotelaußengelände aufgestellt wurden.

Heute zeichnet sich der Garten des Bali Hyatt-Hotels durch die Vielfalt seiner Pflanzen und eine phantasievolle, abwechslungsreiche Gestaltung aus. Vor dem Hotel leuchten breite Terrassen in Rot, Grün und Gelb. Buntgefleckte Bodendecker bilden mit der übrigen Bepflanzung ein fast abstraktes Muster. Im Gegensatz hierzu sind die Innenhöfe in den einzelnen Flügeln des Hotels jeweils bestimmten Pflanzen gewidmet. Zu ihnen gehören *Bougainvillea,* Frangipani und *Hibiscus,* der an manchen Stellen an Stützen über sechs Meter hoch wird. Die von der Hotelhalle zum Swimming-pool hinabführenden Terrassen sind dicht mit großblütigem ‚Rotem Ingwer' *(Alpinia purpurata), Hibiscus, Acalypha* und *Polyscias* bewachsen. Sie vermitteln eine ausgesprochen tropische Atmosphäre, die durch geschickt angelegte Wasserläufe und Lotosteiche zusätzlich betont wird. An der Strandseite stehen als Windschutz einheimische Schrauben- und Pagodenbäume. Der Tropengarten, in dem die meisten Pflanzen mit Namensschildern versehen sind, enthält verschiedene Pflanzensammlungen. Hier wachsen Ingwergewächse, Heliconien, Kakteen, Drachenbäume, Croton, Bromelien, Wasserpflanzen und Palmen. Eine eigene Abteilung ist weißblühenden Pflanzen mit bunt gemusterten Blättern vorbehalten – eine tropische Huldigung an den von Vita Sackville-West geschaffenen Weißen Garten von Sissinghurst (England). Über die Rasenflächen verstreut stehen blühende Bäume wie der Flamboyant *(Delonix regia), Erythrina* und *Plumeria* sowie Kokospalmen und schattenspendende Brotfruchtbäume.

Der Garten des Bali Hyatt-Hotels hat in der Vergangenheit jedoch nicht nur den Gästen des Hotels mit seinen ästhetischen Reizen Freude bereitet, er hat auch eine bedeutsame Rolle bei der Einführung neuer Zier-

Unterhalb der Hauptterrasse des Hotels wachsen Alpinia *und andere Exoten in tropischer Fülle; sie werden überragt von Kokospalmen, deren Stämme fast ganz unter den gemusterten Blättern von* Scindapsus *verborgen sind. Viele der hier wachsenden Pflanzen gelangten erst über den Hotelgarten auf die Insel Bali.*

Oben: *Auf der Vorderseite des Hotels gibt es, oberhalb eines Golfplatzes, großflächige Terrassen, die von einem bunten Teppich aus bodendeckenden Pflanzen überzogen sind.*

Oben: *Eine durch ein kleines balinesisches Strohdach geschützte Gartenlaterne beleuchtet nachts die Wege.*

Unten: *Die ziemlich harten Linien des Hotelgebäudes werden auf allen Seiten durch die üppige Vegetation des Gartens gemildert. An dieser Stelle bilden Büschel von* Arundodonax versicolor, *einer bambusartigen, mit gemusterten Blättern ausgestatteten Schilfart, einen interessanten Kontrast zu dem rotblättrigen Bodendecker; im Hintergrund blüht* Alpinia.

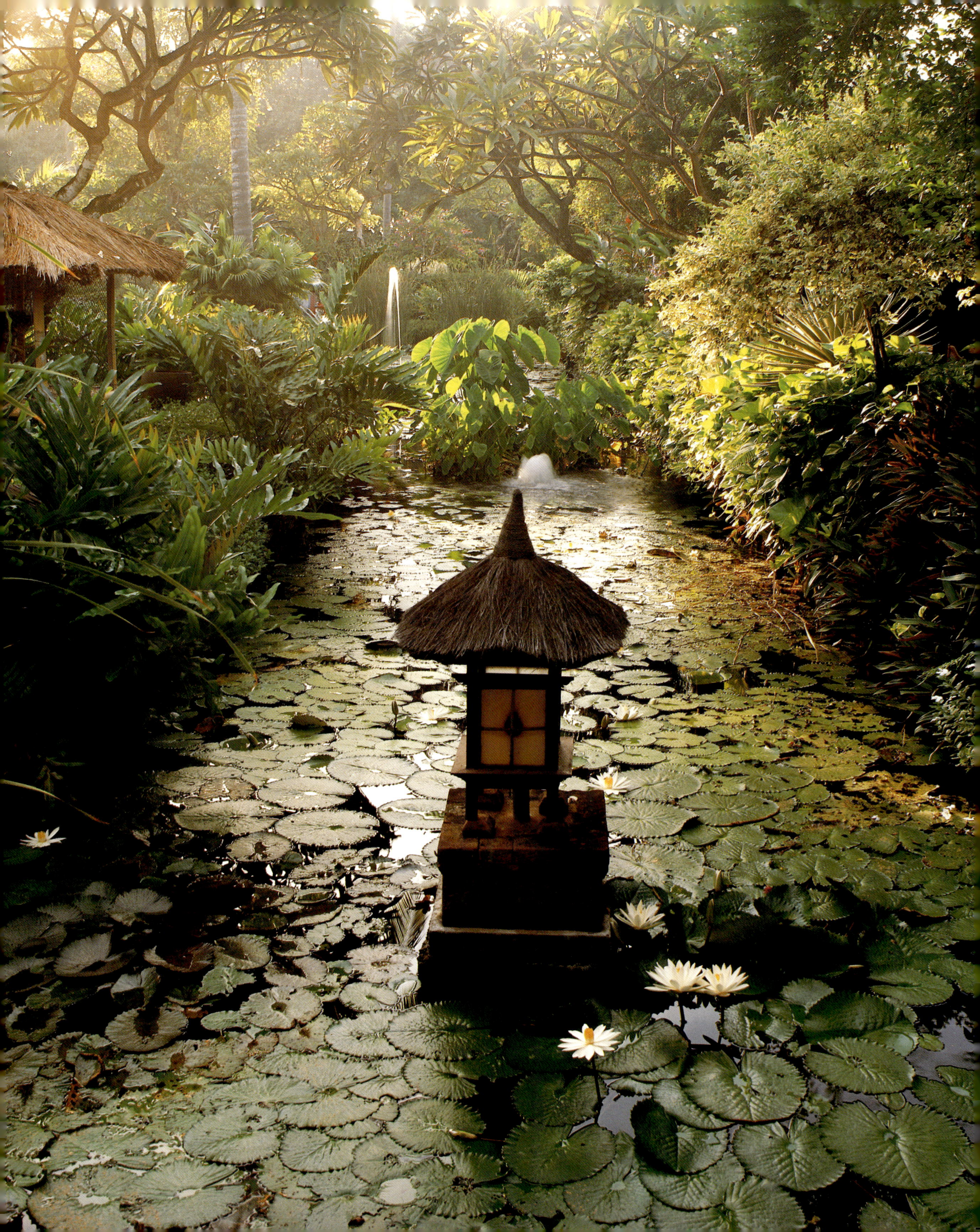

Mehrere Seerosenteiche tragen beträchtlich zur Anziehungskraft des ausgedehnten Bali Hyatt-Gartens bei. In den Teichen und um sie herum wachsen Cyperus alternifolius, Colocasia esculenta *(Taro), Sumpffarn und andere wasserliebende Pflanzen.*

pflanzen auf Bali gespielt. Verschiedene Arten der Gattungen Ingwer, *Heliconia* und *Plumeria* sowie andere Exoten, die überwiegend aus Singapur und von Hawaii stammen, wurden zunächst in diesem Hotelgarten kultiviert und akklimatisiert, bevor sie ihren Weg in andere Gärten der Insel fanden. Dank der fruchtbaren Erde und des günstigen Klimas gedeihen sie inzwischen so prächtig, daß viele Besucher sie fälschlicherweise für einheimische Pflanzen halten.

Ein kleines Gebäude im Garten des Bali Hyatt beherbergt eine Bibliothek und ist gleichzeitig Sitz der Gartengesellschaft. Es kann als Symbol für die kontinuierliche, ernsthafte botanische Arbeit angesehen werden, die hier geleistet wird.

Blick in einen der inneren Hotelhöfe, deren Pflanzen fast bis vor die Türen der Gästezimmer wachsen. Von einem Baum auf der rechten Seite des Bildes hängt Geweihfarn herab; darunter wächst Philodendron selloum. *Zur Linken ist eine Heliconie mit bronzefarbigen Blättern zu sehen; unter ihr bedeckt* Syngonium *den Boden.*

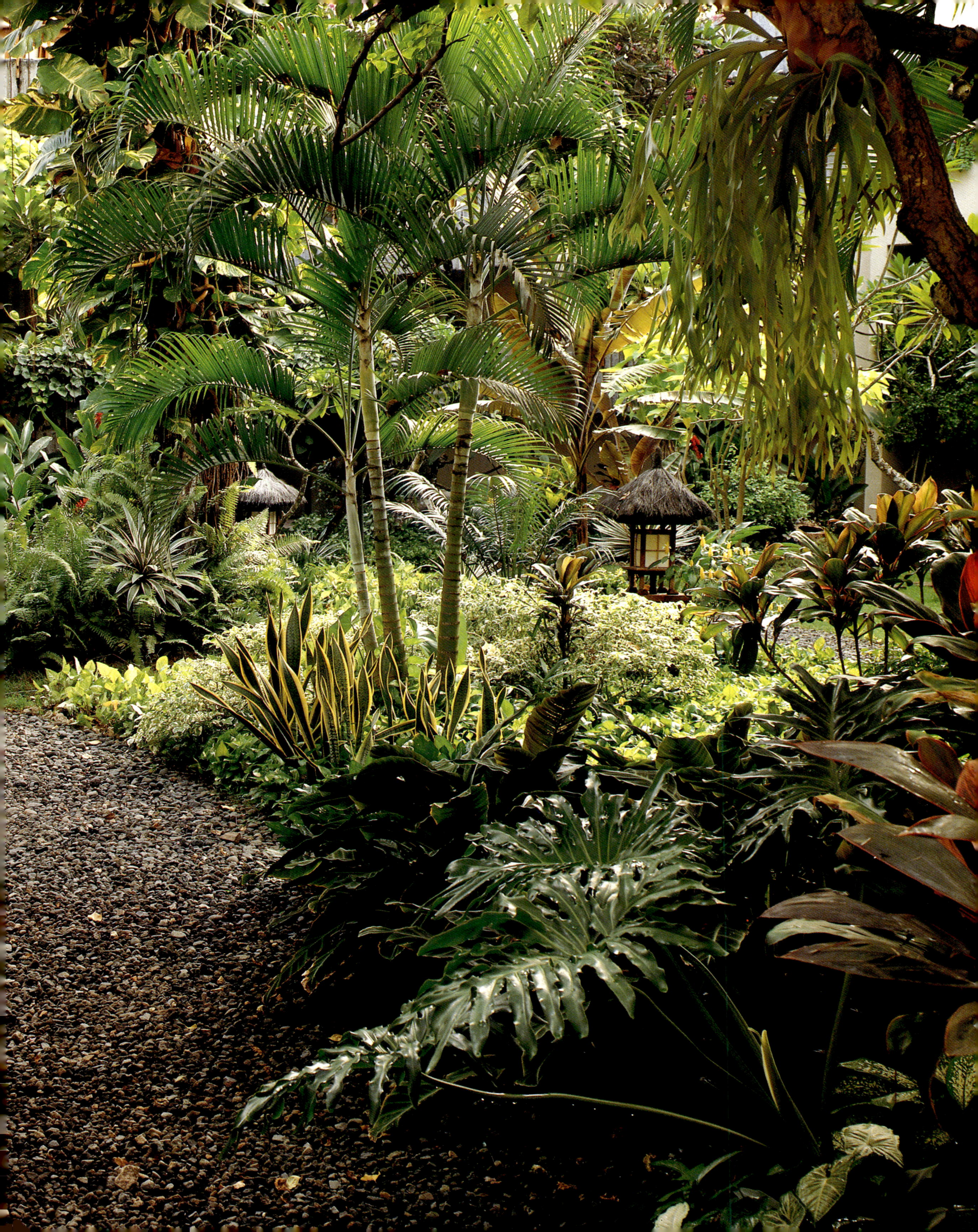

Oben: *Der ‚Weiße Garten'
wurde zu Ehren von Vita Sackville-West, der
bekannten Schöpferin des vielbewunderten
Gartens von Sissinghurst/England, angelegt.
Die meisten der hier wachsenden Bäume,
Sträucher, Bodendecker, Wasser- und Kletterpflanzen besitzen entweder weiße Blüten oder
panaschierte Blätter. Das Spalier zur Linken
wird z. B. umrankt von einer weiß blühenden
Thunbergia grandiflora alba, während
auf dem Teich eine weiße Seerose blüht.*

Seite 129, oben: *Zähe einheimische
Bäume, die bereits entlang der Meeresfront
wuchsen, ließ man als Windschutz und
Schattenspender für einen dort angelegten
Weg stehen.*

Seite 129, Mitte: *Sträucher mit bunt
gemusterten Blättern sorgen entlang der vielen
Gartenwege das ganze Jahr hindurch für
Farbe.*

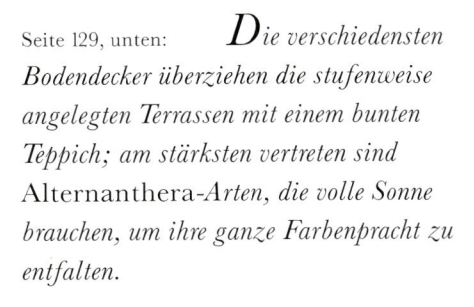

Seite 129, unten: *Die verschiedensten Bodendecker überziehen die stufenweise angelegten Terrassen mit einem bunten Teppich; am stärksten vertreten sind* Alternanthera-*Arten, die volle Sonne brauchen, um ihre ganze Farbenpracht zu entfalten.*

Das „Westin Kauai Lagoons"

Das „Westin Kauai Lagoons" auf der Insel Kauai gehört zu einer neuen Generation von Hotels in Amerika. Den Gästen wird eine Phantasiewelt fern aller Realität geboten, wie wir sie in Europa nur aus Freizeitparks kennen. Vom Hotel aus blickt man auf einen etwa einen Hektar großen spiegelnden Teich mit marmornen Springbrunnen und lebenden Schwänen. Auf kleinen Vergnügungsdampfern gleiten die Gäste durch eine künstlich geschaffene Landschaft mit Lagunen, Wasserstraßen und sechs mit exotischen Wildtieren bevölkerten Inseln. Nicht weniger als drei Wasserfälle ergießen sich in das weitläufige Schwimmbecken; das gesamte Hotelgelände ist verschwenderisch mit orientalischen und pazifischen Kunstwerken ausgestattet.

Angesichts seiner Lage ist es nicht verwunderlich, daß das Hotel über eine Anzahl schön angelegter Gartenflächen verfügt, die viel zur romantischen Atmosphäre beitragen. Man findet hier üppige Rabatten mit *Spathiphyllum* und mehrfarbigem *Impatiens*, Baumfarnen, Keulenlilien, weiß blühendem Stechapfel sowie dem sogenannten „Blauen Ingwer" *(Dichorisandra thyrsiflora)* sowie Bougainvillien und ausgesuchten *Hibiscus*-Hybriden mit außergewöhnlich großen Blüten. Einige der kleineren Gärten werden durch raffiniert in die Mauern eingelassene Spiegel optisch beträchtlich vergrößert.

Unten: *Schwäne gleiten über das Wasser des im Zentrum der Hotelanlage gelegenen Teiches. Die zum Springbrunnen gehörenden Pferde wurden in China angefertigt.*

Rechts: *Oberhalb des ausgedehnten Hotel-Swimming-pools stehen Keramikgefäße. Sie scheinen auf der Wasseroberfläche zu schweben, da man ihren durchsichtigen Untergrund kaum wahrnimmt.*

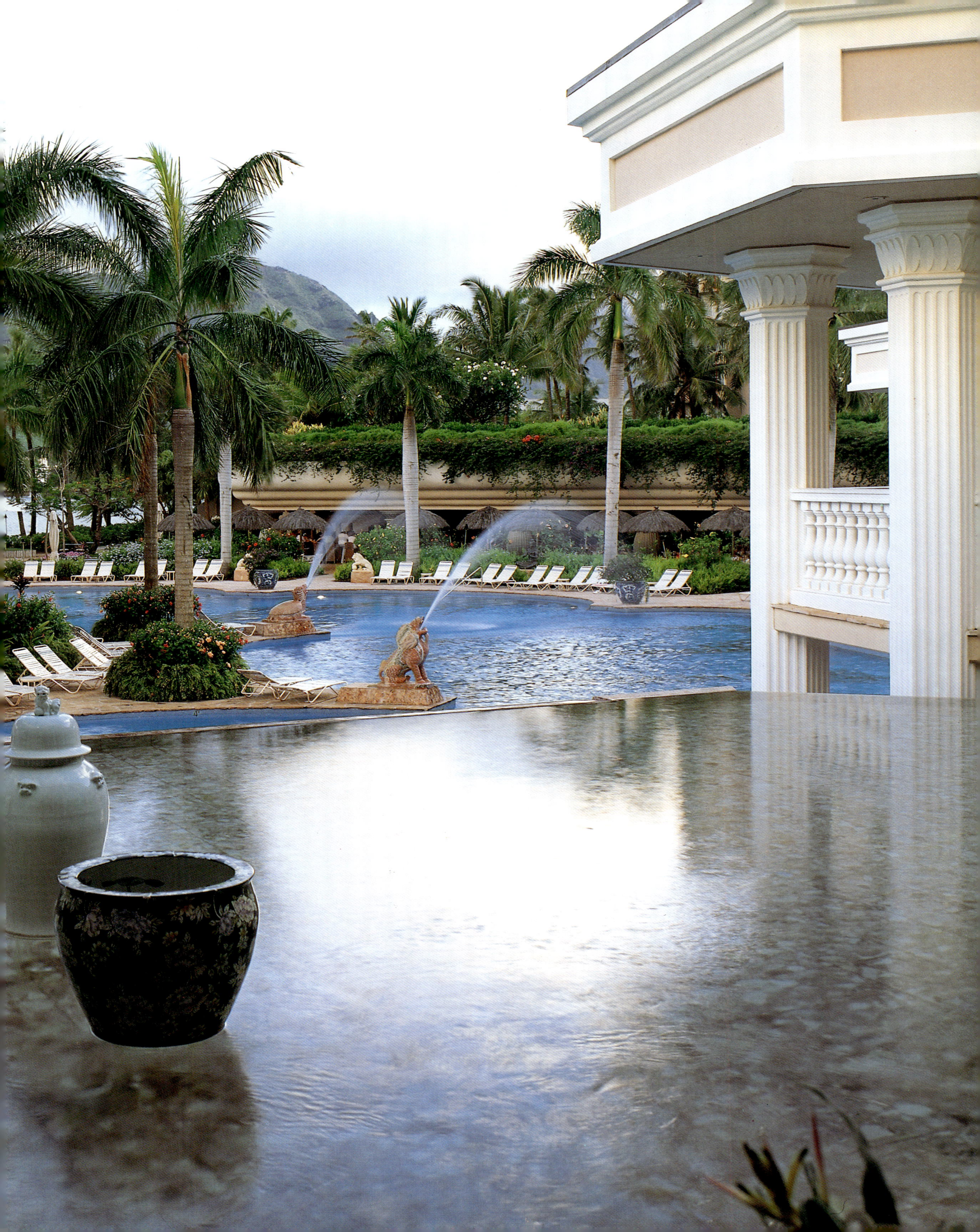

Oben: *Zu den sonnenliebenden Zierpflanzen im Bereich des Schwimmbeckens gehören auch* Hibiscus *und* Plumbago *(Bleiwurz).*

Unten: *Zwei der zahlreichen großblütigen* Hibiscus-*Sorten, die überall im Hotelgarten zu finden sind.*

Dieser Teil der Westin Kauai-Gärten wurde mit verschiedenfarbigem Impatiens *(„Fleißigem Lieschen") bepflanzt. Die Pflanzen gedeihen dank des milden Klimas von Hawaii gut, obwohl sie sonst in den Tropen nicht immer leicht zu ziehen sind.*

Die ungeschützten Hänge außerhalb der Hotelanlage sind überzogen mit *Wedelia triloba*, einem widerstandsfähigen Bodendecker, der sowohl dem Seewind als auch großer Trockenheit trotzt. Auf einer Anhöhe steht eine Gruppe von Norfolk-Tannen *(Araucaria heterophylla)*. Sie sind immergrün und besitzen ein ganz und gar nicht tropisches Aussehen, obwohl sie im Südpazifik heimisch sind und in vielen Gärten der wärmeren Regionen wachsen.

Oben links: *E*in *von* Spathiphyllum *umgebener Baumfarn. Rechts sieht man die hängenden weißen Blüten einer Engelstrompete, die in Kuaui bisweilen die Höhe eines kleinen Baumes erreicht.*

Unten links: *Am Eingang des Hotels steht, unter einem Feigenbaum, die Marmorfigur der chinesischen Göttin Kuan Yin. Zu ihren Füßen wachsen neben anderem* Spathiphyllum *und* Calathea. *Die blauen Blüten im Hintergrund gehören zu* Dichorisandra thyrsiflora, *einer Pflanze, die allgemein ‚Blauer Ingwer' genannt wird, obwohl sie zu den Commelinengewächsen gehört.*

Seite 135: *Die das Hotel umgebenden Hänge wurden mit widerstandsfähigen Bodendeckern bepflanzt, zu denen auch* Wedelia trilobata *gehört. Bei den Bäumen handelt es sich um im südpazifischen Raum heimische Norfolk-Tannen (*Araucaria heterophylla*).*

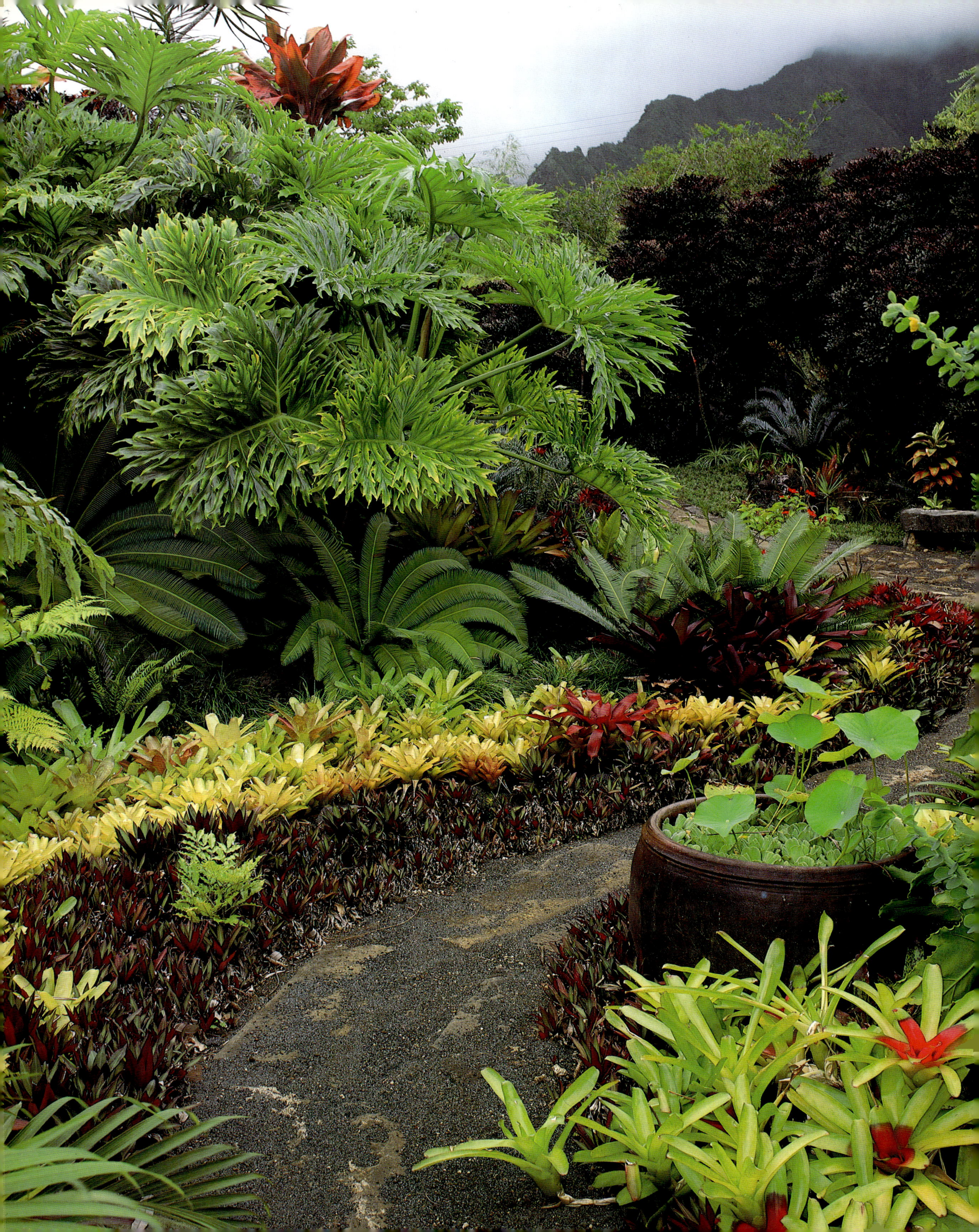

Der Leland Miyano-Garten

In einer fruchtbaren, regenreichen Region zu Füßen der Koolaus, einer der beiden zentralen Bergketten der hawaiianischen Insel Oahu, liegt der nach seinem Gründer benannte Leland Miyano-Garten. Er ist das Werk eines einzelnen Mannes und beherbergt eine Vielfalt tropischer Pflanzen aus fast allen Teilen der Erde.

Die meisten Gewächse stammen allerdings aus Südamerika, vor allem aus Brasilien. In diesem Land hat Herr Miyano in der Vergangenheit wiederholt Sammelexpeditionen unternommen. Er wurde dabei von seinem engen Freund und Mentor Roberto Burle-Marx begleitet, der sich als Landschaftsarchitekt einen Namen gemacht hat und maßgeblich an der Schaffung einiger besonders schöner brasilianischer Gärten beteiligt war.

Der Miyano-Garten bedeckt nur eine Fläche von etwa einem halben Hektar. Dank seiner raffinierten Konzeption wirkt er jedoch wesentlich größer. Hierzu tragen gewundene Pfade und dicht bepflanzte Anhöhen bei, die immer neue, überraschende Ausblicke vermitteln. Der Einfluß von Burle-Marx offenbart sich in der fast schwindelerregenden Farbenpracht der Blumenbeete. Dafür sorgen die in allen Schattierungen von Rubinrot bis zu leuchtendem Orange erstrahlenden Hochblätter der Bromelien und Keulenlilien oder Ti-Pflanzen, wie sie auf Hawaii genannt werden. Bemerkenswert sind auch die zahlreichen *Philodendron*-Arten, die Miyano aus den südamerikanischen Regenwäldern mitgebracht hat. Manche dieser Pflanzen kennt man erst seit so kurzer Zeit, daß sie noch gar keinen botanischen Namen besitzen. Außergewöhnlich ist auch die große Sammlung von Zykadeen (Cycadaceae). Diesen zu den ältesten Pflanzen der Erde gehörenden Palmfarnen gilt Miyanos besonderes Interesse. Im Leland Miyano-Garten gibt es aber neben den genannten Raritäten auch eine Vielzahl von besser bekannten interessanten Pflanzen. Dazu gehören verschiedene Heliconien, tropische Schwertlilien, die einen Seerosenteich umgeben, weiß und purpurn blühende *Petrea*, die nicht, wie üblich, als Kletterpflanze, sondern als Strauch wächst, ungewöhnliche Orchideen auf Felsen und Baumstämmen sowie eine seltene brasilianische *Mussaenda*-Art mit sternförmigen roten Blüten. Erwähnenswert ist auch eine Mimose mit auffallend zimtfarbener Rinde sowie eine Auswahl ungewöhnlicher Bodendecker, die sehr wirkungsvoll die Gartenwege säumen.

In diesem Teil des Leland Miyano-Gartens dienen Bromelien mit leuchtend gefärbten Blättern als Bodendecker. Die große Pflanze im Hintergrund ist ein aus Brasilien stammender Philodendron; *darunter wachsen einige Exemplare aus Miyanos großer Palmfarn-Sammlung. Der Wasserbehälter ist bepflanzt mit einer Lotosblume und Wassersalat* (Pistia).

Große Keulenlilien, eine silbrig schimmernde Palme (Coccothrinax argentata), *verschiedene Bromelien und zwei außergewöhnliche brasilianische Philodendren sorgen mit ihren Farben und unterschiedlichen Blattstrukturen für Abwechslung im Garten. Miyano verwendet weder künstlichen Dünger noch Pestizide; er vertraut allein auf natürliche Methoden des Gartenbaus.*

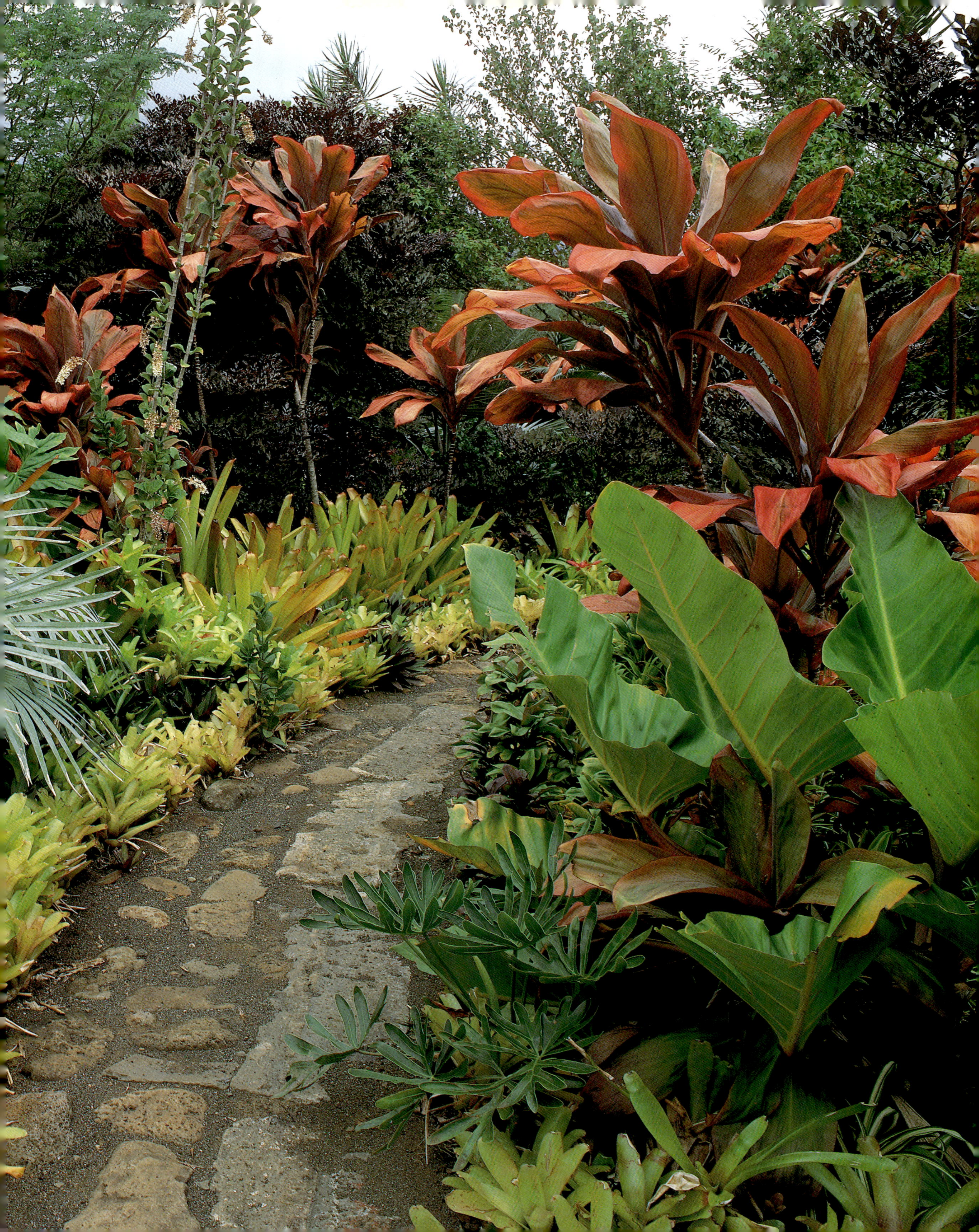

Oben: *Am Ufer dieses Teiches blühen im Vordergrund tropische Schwertlilien; im Hintergrund gibt es Bromelien und eine weißblühende* Tabernaemontana. *Die Blüten dieser Pflanze ähneln denen einer kleinen Gardenie, ohne jedoch deren starken Duft zu verbreiten.*

Unten links: *Verschiedene Bromelien, deren Blätter sich in Farbe und Größe unterscheiden; die farnähnlichen Blätter im Hintergrund gehören zu Palmfarnen.*

Unten rechts: *Solche niedrigen Keulenlilien eignen sich auch als farbige Bodendecker.*

Um einen kleinen Teich herum gedeihen Bromelien, Palmfarne, Keulenlilien und Philodendren; im Vordergrund wächst ein büscheliger, grasartiger Bodendecker. Die künstlerische Gestaltung des Gartens mit leuchtend gefärbten Stauden und Bodendeckern verrät den Einfluß von Roberto Burle-Marx, einem mit Miyano befreundeten, bekannten brasilianischen Landschaftsarchitekten.

In einer Senke des Gartens wurde mit Hilfe dicht gepflanzter Bananen, Palmen und Heliconien eine feuchte Regenwaldatmosphäre geschaffen. Hier läßt Miyano viele der Samen, die er von seinen Sammelexpeditionen mitbringt, keimen. Insbesondere junge Palmen werden an diesem Ort aufgezogen, um später an andere Standorte verpflanzt zu werden.

Leland Miyano ist nicht nur ein ernstzunehmender Pflanzensammler, der eine große Anzahl neuer Zierpflanzen auf Hawaii eingeführt hat, er ist auch Gartenarchitekt; sein Garten ist ein Musterbeispiel für eine gelungene Gartenkonzeption. Miyano ist übrigens ein Verfechter des rein biologischen Gartenbaus und verwendet daher weder Pestizide noch künstlichen Dünger.

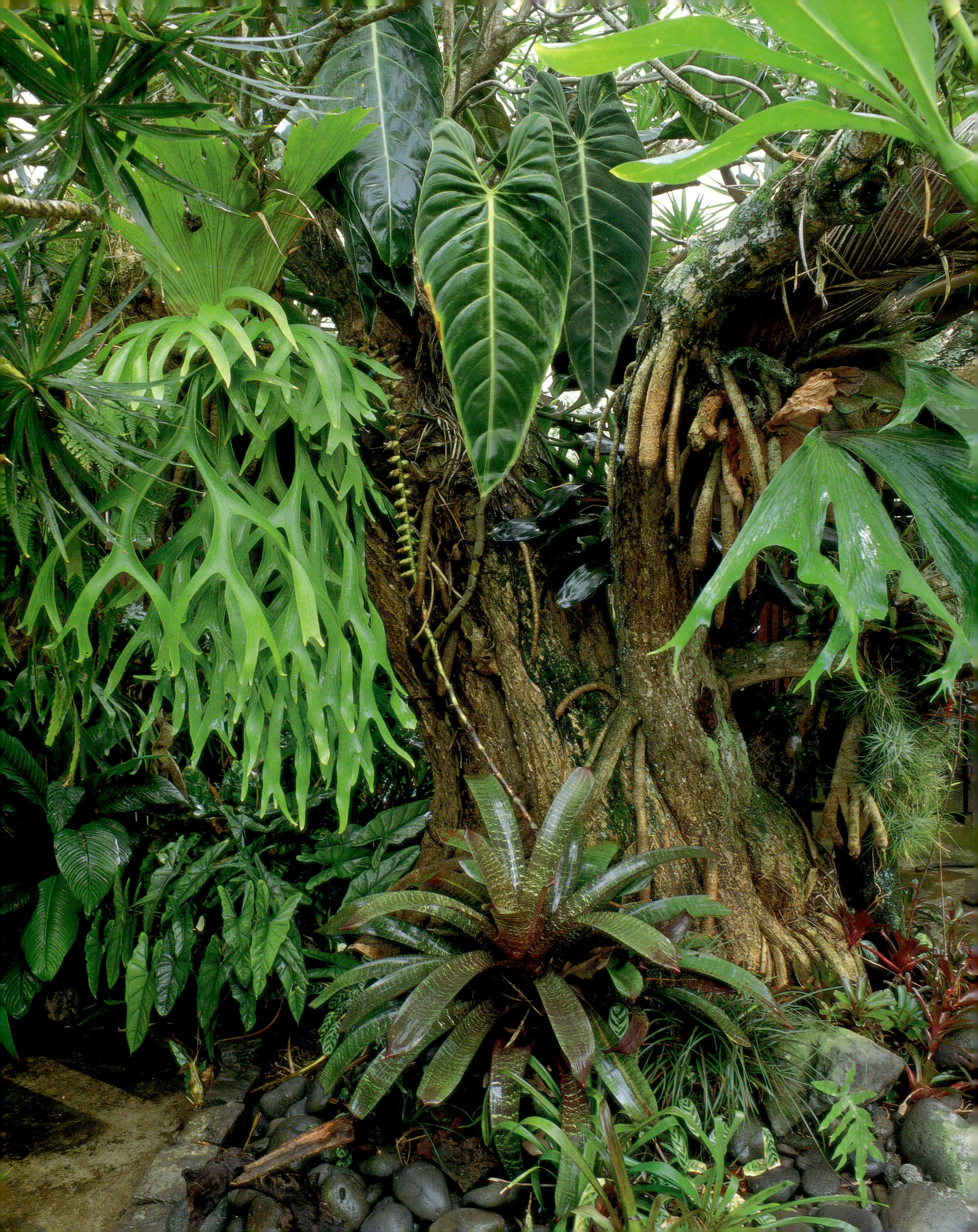

Seite 142: *Ein Baum im Hof ist ‚Ausstellungsfläche' für eine eindrucksvolle Sammlung exotischer Pflanzen, zu der auch Geweihfarne, Bromelien und eine Flamingoblume* (Anthurium) *mit großen, prächtig gemusterten Blättern gehören.*

Links oben: *Eine außergewöhnliche* Mussaenda *aus Brasilien.*

Brassavola digbyana; *die roten Blätter gehören zu Bromelien.*

Von Roberto Burle-Marx gesammelte Pitcairnia*-Arten.*

Links unten: *Blühende* Brassavola*-Orchideen inmitten seltener Lanzenrosetten* (Aechmea).

Epiphytisch lebende Orchideen und Bromelien auf Felsbrocken in einer Ecke des Gartens. Im Hintergrund wachsen Palmfarne und Keulenlilien.

Links oben: *H*inter einer Gruppe von Bromelien ragen die goldgelb leuchtenden rispigen Blütenstände von Orchideen (Oncidium) empor. Im Hintergrund sind stark gefärbte Keulenlilien und die farnartigen Blätter eines Palmfarns zu erkennen.

Links unten: *Niedrige Bodendecker bilden einen sanften Teppich, von dem sich die kräftigeren Konturen der größeren Pflanzen gut abheben.*

Oben: *Die stacheligen Blätter von Bromelien und Palmfarnen verleihen der Gartenlandschaft Formen und Farben, während* Rhoeo *dazu dient, den mit Steinen gepflasterten Gartenweg schön einzufassen. Die rechts im Hintergrund sichtbaren langen, federförmigen Blätter gehören zu* Beaucarnea recurvata, *der ‚Pferdeschwanzpalme'.*

Durch den phantasievollen Einsatz verschiedenfarbiger Bodendecker können eindrucksvolle Muster entstehen. Links im Hintergrund steht ein hoher Palmfarn. Er gehört, entwicklungsgeschichtlich gesehen, zu den ältesten Pflanzen dieser Erde. Rechts sind mehrere Exemplare des ‚Baums der Reisenden' (Ravenala madagascariensis) aus Madagaskar zu sehen. Ihren Namen verdanken sie der Tatsache, daß sich am Grunde ihrer Blätter Wasser sammelt, das von durstigen Reisenden getrunken werden kann.

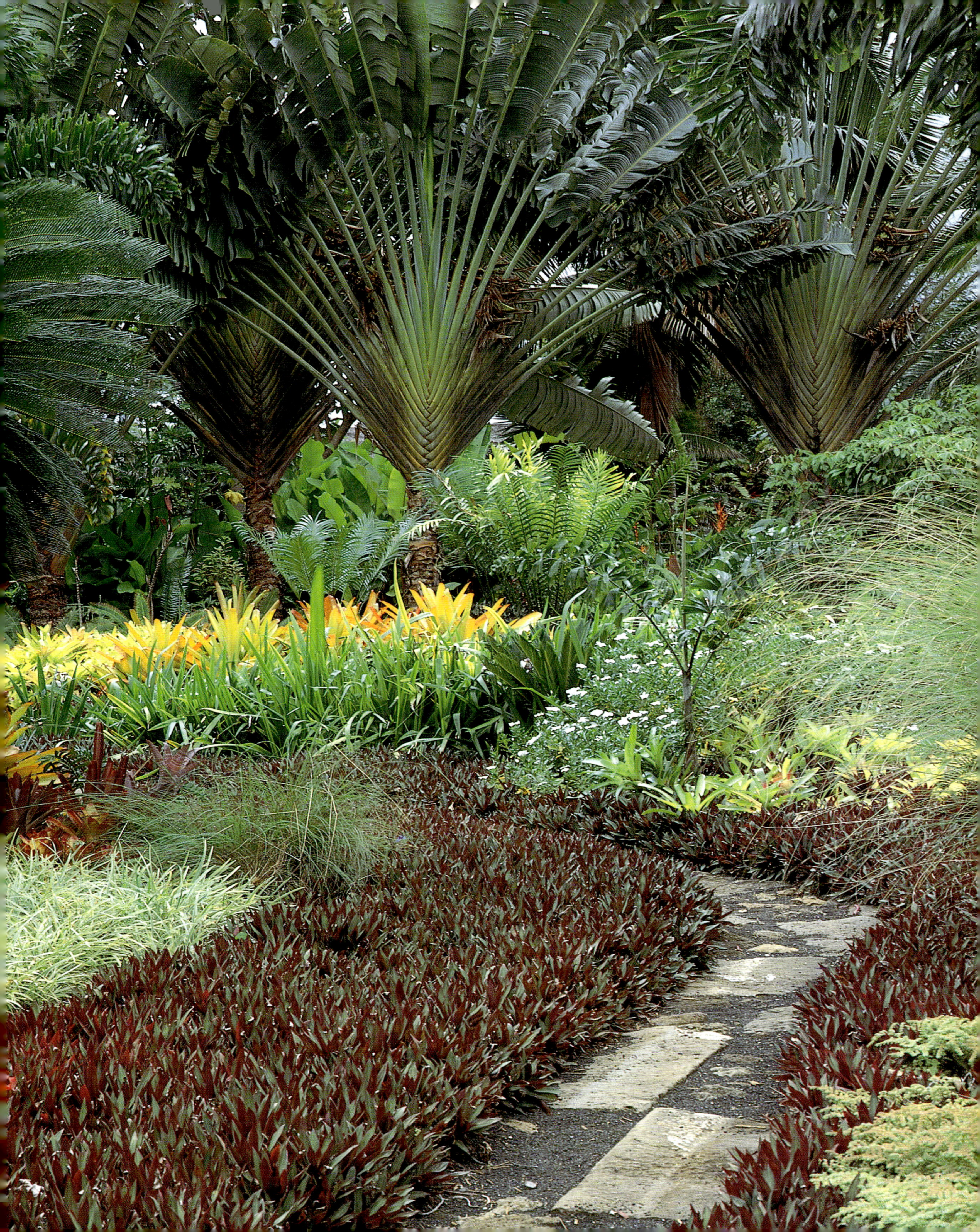

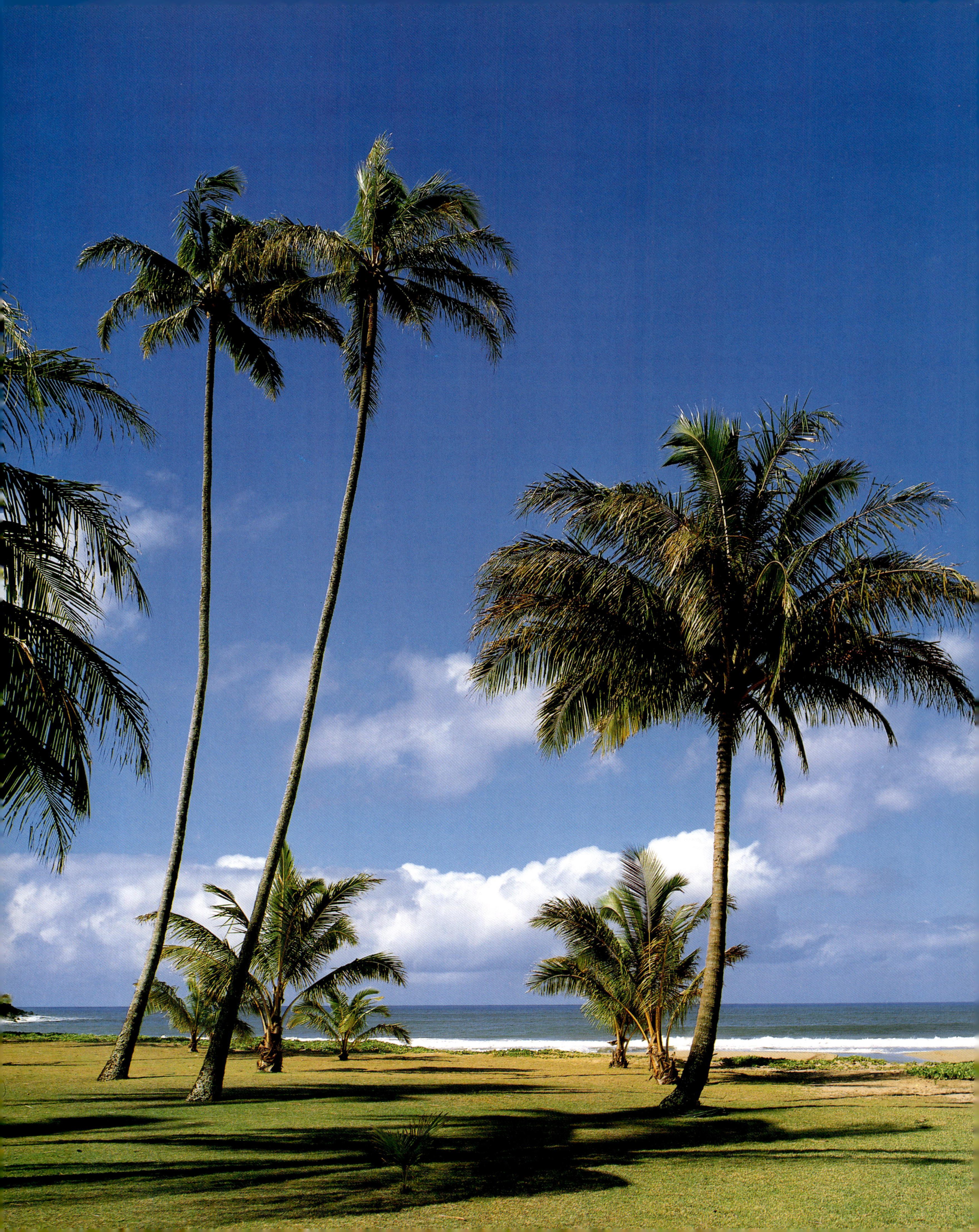

Links: *Die vor dem Allerton-Haus angelegte Rasenfläche erstreckt sich bis hinunter zu dem privaten Badestrand, der an einer Flußmündung an der Westküste von Kuaui liegt.*

Die Allerton-Gärten

Kauai ist die am längsten besiedelte Insel Hawaiis. Neben einer atemberaubenden Landschaft findet man hier klimatische Extreme auf engem Raum. So gilt das am östlichen Ende der Insel gelegene Waialeale mit einer jährlichen Niederschlagsmenge von rund 12,70 m (!) als einer der feuchtesten Flecken dieser Erde, während die Westseite in höheren Lagen nahezu Wüstenbedingungen aufweist. Kauai besitzt nicht nur traumhafte Sandstrände, sondern auch hohe Berge und tief eingeschnittene, mit dichtem Regenwald bewachsene Täler. Sie sind Zufluchtsstätten für eine Anzahl von Vögeln und Pflanzen, die es nur auf dieser Insel gibt.

Die Allerton-Gärten liegen in einem grünen Tal auf der Westseite der Insel. Sie wurden von Königin Emma, der Frau von König Kamehameha IV., angelegt, der bis 1875 an diesem malerischen Teil der Meeresküste residierte. Als begeisterte Gärtnerin brachte die Königin eine große Zahl von Zierpflanzen auf die Insel, darunter die Bougainvillie, die jetzt in Kaskaden eine hinter dem Haus aufragende Felswand überwuchert. Nach dem Tod der Königin erwarb Alexander McBryde, ein bekannter Gartenarchitekt, den Besitz. Durch ihn wurde die Sammlung vergrößert und der Garten auf die

Rechts: *Der Rasen des Allerton-Hauses wird von Kokospalmen beschattet. Hinter ihnen liegen die Gärten, die von Robert Allerton und seinem Sohn John Gregg Allerton in einem Zeitraum von etwa fünfzig Jahren angelegt wurden.*

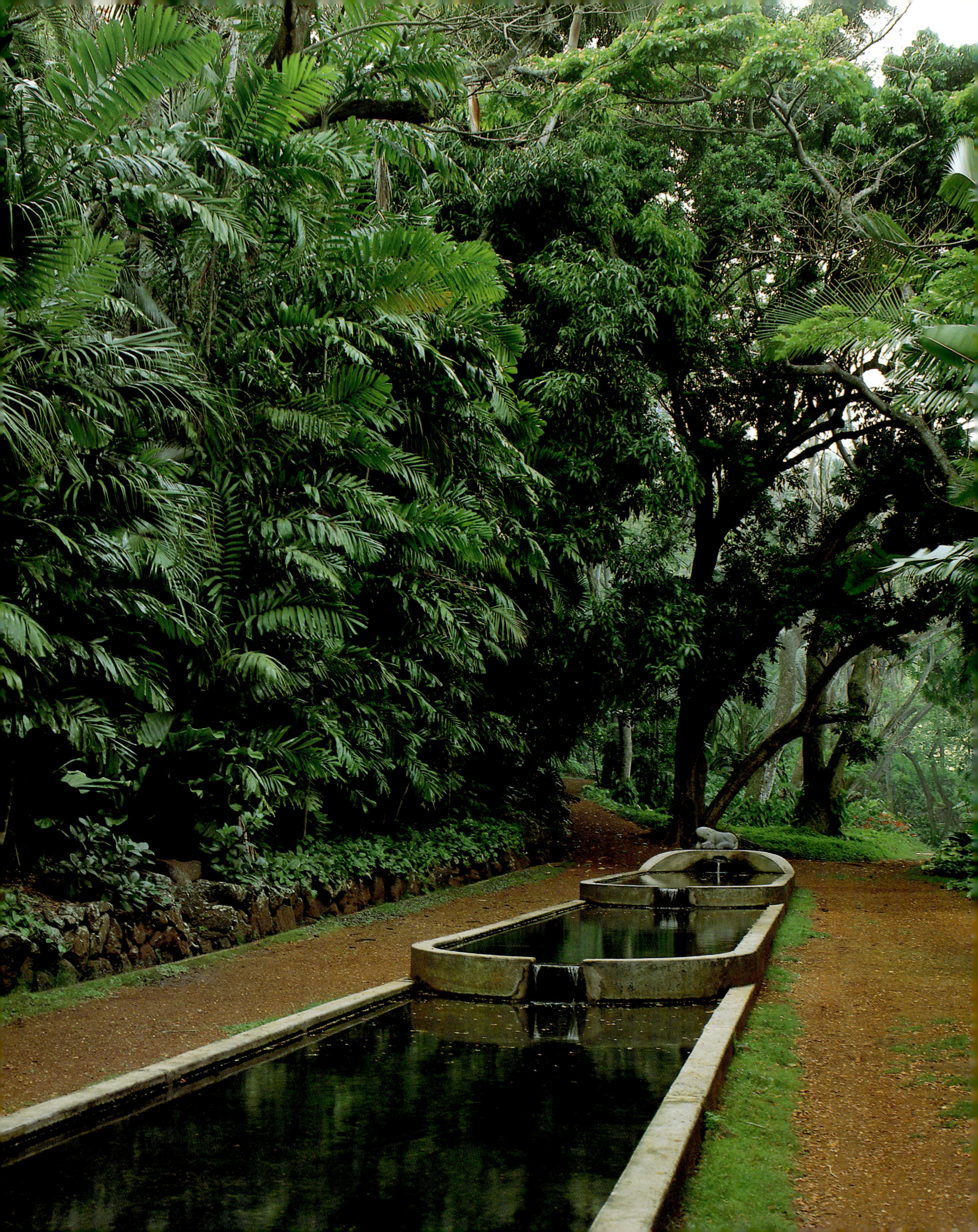

Oben: *Scharlachrote* Clerodendrum-*Blüten verleihen einem von dichter Vegetation umgebenen Pfad Farbe. Philodendren klettern an den Bäumen empor und überziehen den Hang.*

Links: *Dieses langgezogene, in Stufen angelegte seichte Becken ist eines von mehreren bemerkenswerten Wasserspielen im Garten der Allertons.*

heutige Fläche ausgedehnt. 1938 ging der untere Teil des Lawai-Tales, zu dem auch der Garten gehört, in den Besitz von Robert Allerton über, der ihn zunächst als Winter-Domizil benutzte. Er unternahm zusammen mit seinem Sohn, von dem auch das Haus entworfen wurde, weite Reisen, um weitere Pflanzen zu sammeln. Das Anwesen wurde teilweise umgestaltet und erhielt unter anderem eine Anzahl von Teichen und Wasserfällen. Nach dem Tod des Vaters widmete sich John Gregg Allerton bis zu seinem eigenen Tod 1989 der weiteren Ausgestaltung der weitläufigen Gärten. Heute wird der Besitz von Toshi Kaneko, einem langjährigen Mitarbeiter Allertons, verwaltet. Wie von Allerton verfügt, ist er nun Teil der angrenzenden „Pacific Tropical Botanical Gardens", deren Aufgabe darin besteht, gefährdete tropische Pflanzen zu erhalten und Pflanzenarten von medizinischem und wirtschaftlichem Interesse wissenschaftlich zu erforschen.

Lawai Kai (so werden die Allerton-Gärten auch genannt) erstreckt sich über ein großes Areal beiderseits eines breiten Flusses, der durch das Tal dem Meer zufließt. Das Gelände ist recht abwechslungsreich und umfaßt sowohl offene Grasflächen als auch feuchte, von Urwald bedeckte Schluchten und hoch aufragende Berge. Die verschiedenen Standorte bieten zusammen mit der fruchtbaren vulkanischen Erde ideale Wachstumsbedingungen

Seite 154/55: *In einem höher gelegenen Teil des Gartens befindet sich der Diana-Brunnen. In seinem Wasser spiegelt sich ein heiterer, aus hölzernem Gitterwerk erbauter Pavillon. Die meisten Gartenfiguren stammen aus Europa. Die Allertons brachten sie von ihren Reisen mit.*

Das Wasser des Nixenbrunnens fließt in einen Zickzackkanal im Art-Deco-Stil, der in einer von üppig wuchernden Rhapis-Palmen beherrschten tropischen Umgebung sehr ungewöhnlich und interessant wirkt. Die Nixenfiguren, so fand man heraus, entstanden 1931 und sind das Werk eines florentinischen Bildhauers namens Andreotti.

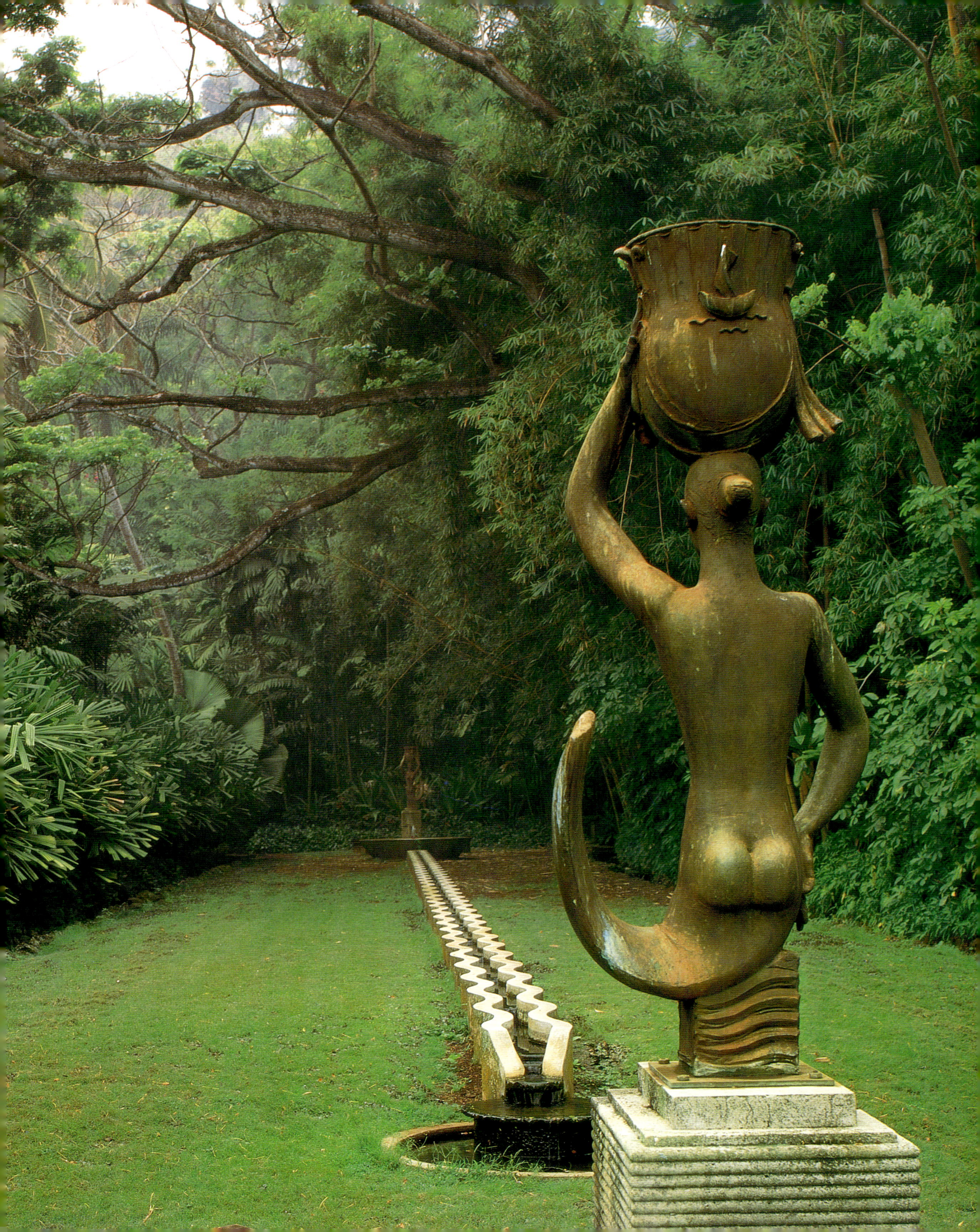

für ein weites Pflanzenspektrum. Sie ermöglichten es den Allertons, einen Garten oder eigentlich eine Reihe miteinander verbundener Gärten zu schaffen, die sich durch einfallsreiche Gestaltung und durch ihre außerordentliche botanische Bedeutung auszeichnen. Einer dieser Gartenteile ist einer eindrucksvollen Sammlung von Heliconien, *Costus*, *Calathea* und Ingwern gewidmet, während ein anderer verschiedene Arten von Riesenbambus beherbergt. An den Hängen wachsen unterschiedliche *Plumeria*-Arten oder farblich aufeinander abgestimmte Sorten von *Cassia*. Letztere wird auf Hawaii auch als *Shower Tree* bezeichnet, da sie häufig als Alleebaum anzutreffen ist. Auf einem Felsen an der See wachsen Bougainvillien und Kakteen, wie etwa der nachts blühende *Cereus*.

Geschickt über das Gelände verteilte Aussichtspunkte, Teiche, Springbrunnen und Figuren erhöhen noch den Zauber von Lawai Kai, ohne die natürliche Atmosphäre, die diese Gärten auszeichnet, zu stören.

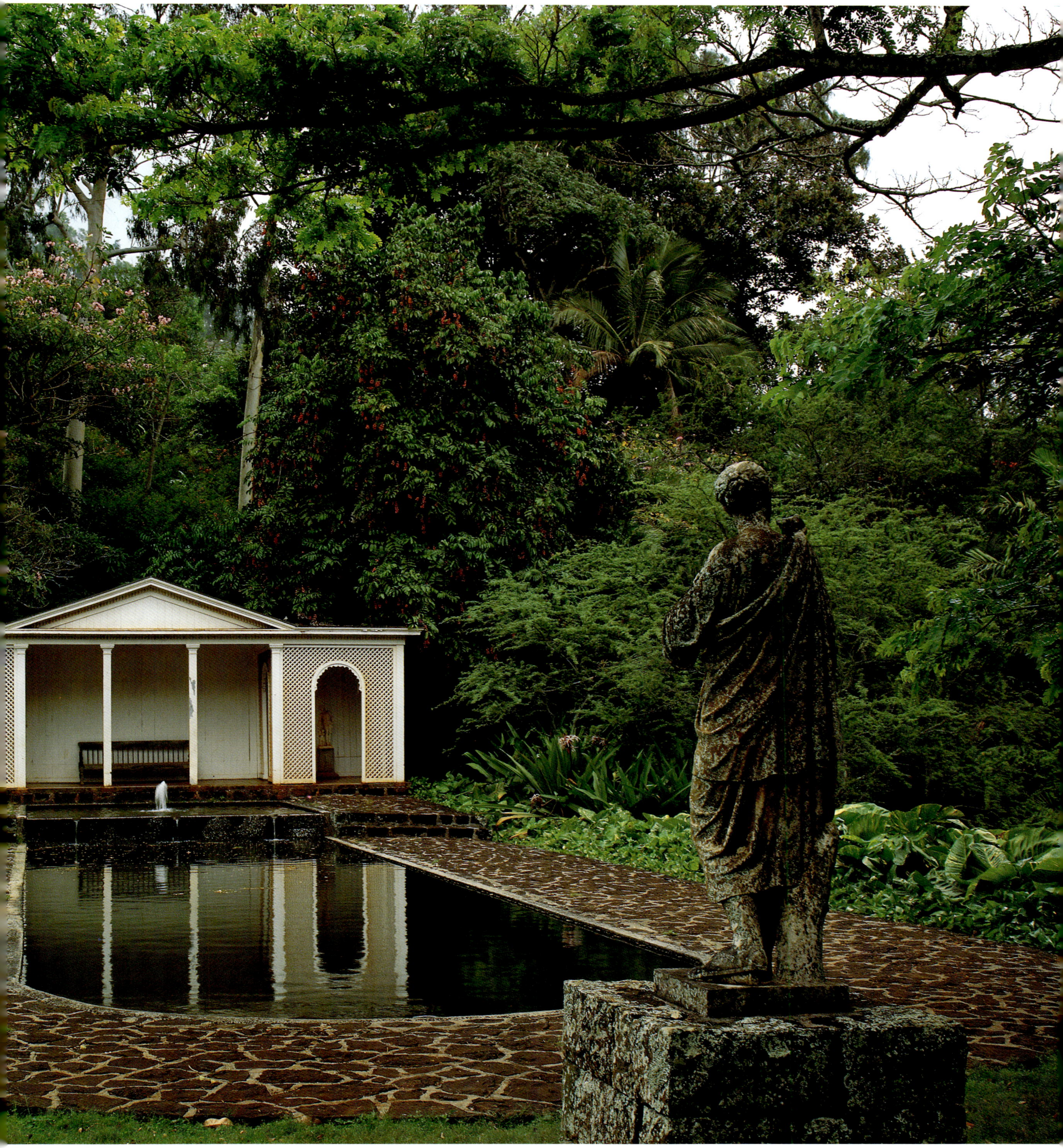

*E*in Teil des Gartens ist verschiedenen Arten von Bambus gewidmet. Gelber Bambus (Phyllostachys) *hat hier einen dichten Wald gebildet, in dessen Inneres kaum Licht dringt. An anderer Stelle gibt es Sammlungen anderer exotischer Gewächse und blühender Bäume.*

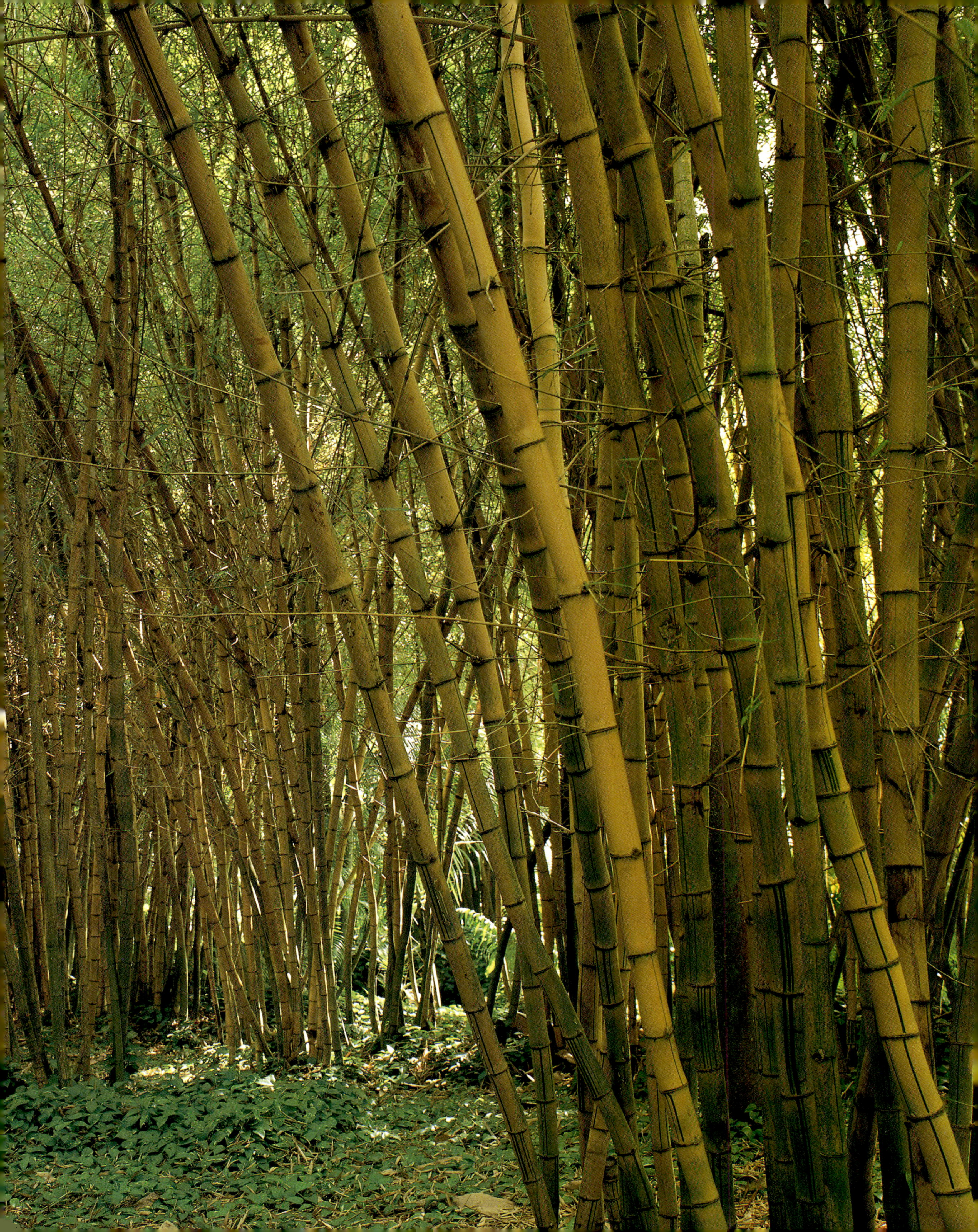

Links: *Seltsam verschlungene Wurzeln alter Feigenbäume*

Links unten: *Stetig herabtropfendes Wasser hat hier ideale Wachstumsbedingungen für Farne, Moose und tropische Kletterpflanzen geschaffen.*

Rechts: *Riesige Flamingoblumen säumen einen Bach, dessen Wasser über zahlreiche Stufen einen Hang hinabfließt. Dank solcher Wasserläufe ist in fast jedem Teil des weitläufigen Gartens das beruhigende Plätschern von Wasser zu hören.*

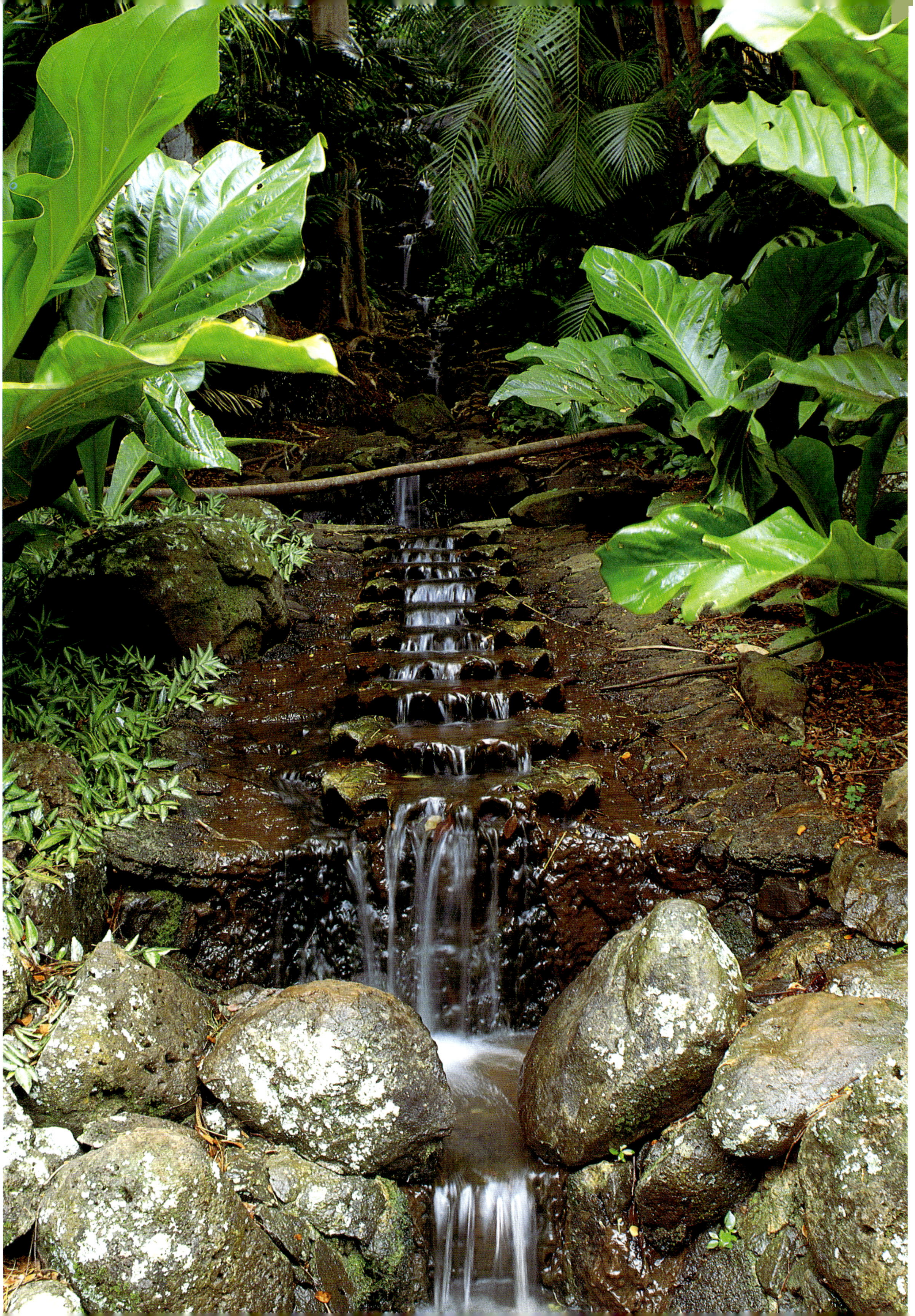

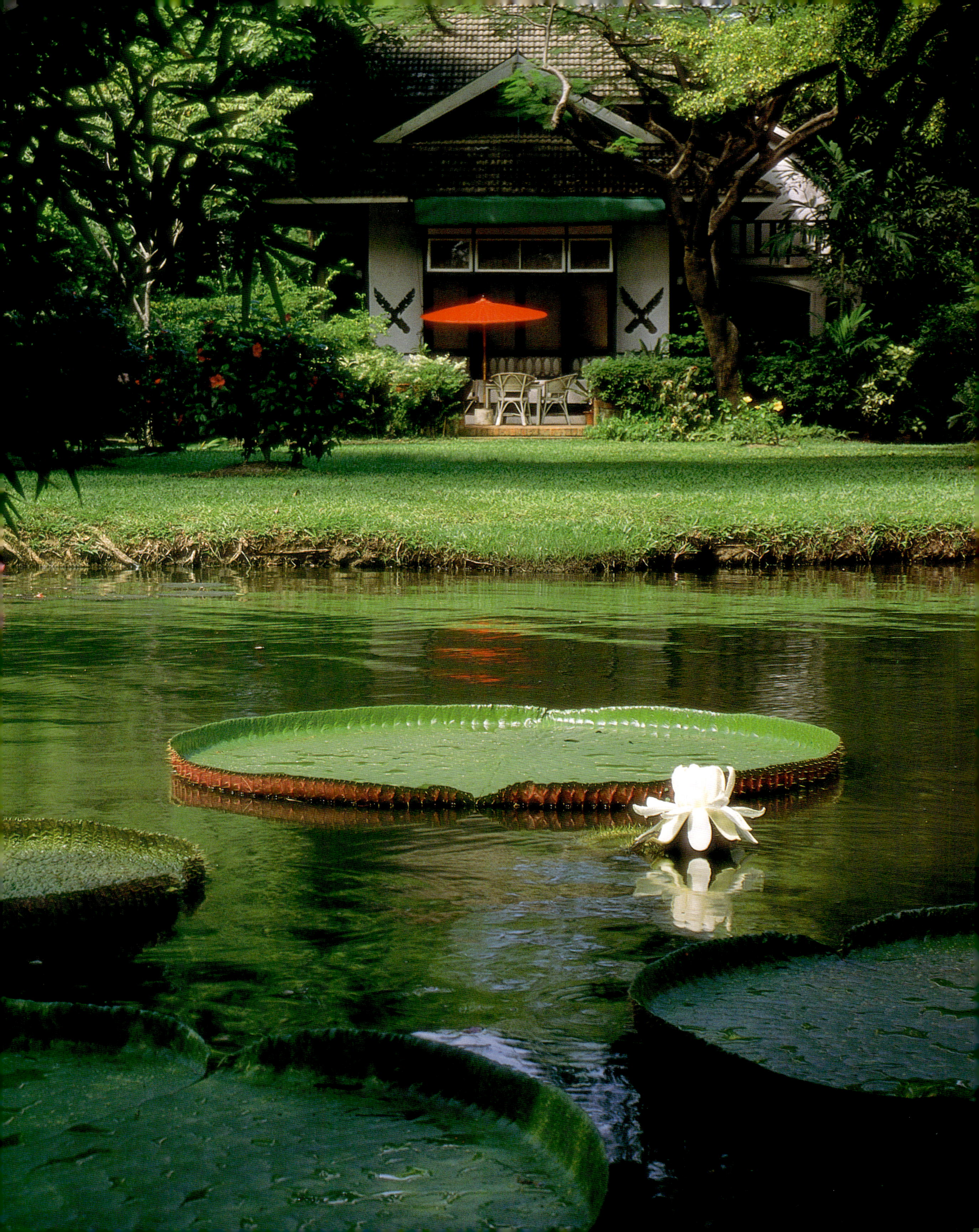

Links: *Im Vordergrund sind die riesigen Blätter und eine frisch erblühte Knospe einer* Victoria amazonica *zu sehen. Die große brasilianische Seerose erfreute sich während des viktorianischen Zeitalters in England großer Beliebtheit. Jenseits des Teiches erstreckt sich ein Rasen aus malaiischem Gras bis zur hinteren Terrasse des Sassoon-Hauses.*

Victor Sassoons Garten in Bangkok

Bei diesem Garten, der über einen Zeitraum von rund 25 Jahren entstanden ist, handelt es sich um ein für die heutigen Verhältnisse in Bangkok ungewöhnlich großes privates Anwesen. Auf drei Seiten durch Kokos- und Fischschwanzpalmen (Ostindische Brennpalmen) sowie hoch aufragenden Bambus nach außen hin abgeschirmt, ist er eine der wenigen grünen Oasen in einem Wohnbezirk, dessen Charakter heute vor allem durch unpersönliche Wohnblocks geprägt wird.

Zu den vorher bereits vorhandenen, überwiegend nahe am Haus wachsenden Bäumen (Flamboyant, Tamarinde und Mangobaum) wurden *Tabebuia rosea, Pterocarpus indica, Lagerstroemia floribunda* und *Peltophorum inerme* hinzugepflanzt. Unter den blühenden Sträuchern und exotischen Zierpflanzen, die die Beete schmücken, befinden sich mehrere *Hibiscus*-Arten, verschiedene Heliconien, *Sanchezia nobilis, Spathiphyllum, Dieffenbachia* und ausgewählte *Philodendron*-Arten. Die Auffahrt wird von einer Hecke aus gestutzter *Ixora* gesäumt. Kletterpflanzen wie *Bougainvillea, Petrea volubilis* (Purpurkranz), *Thunbergia grandiflora, Chlerodendrum splendens* und *Solandra nitida* ranken an Zäunen und Spalieren empor. In einem großen L-förmigen Teich im hinteren Teil des Gartens wachsen *Victoria amazonica* sowie andere, kleinere Seerosen in verschiedenen Farben. Eine üppig-tropische Atmosphäre herrscht auch auf der dicht mit Topfpflanzen bestandenen Terrasse. Hier findet man unter anderem eine große *Spathiphyllum*-Hybride, Frauenhaar, *Hibiscus, Bougainvillea* und Heliconien mit schmucken gelb-grünen Blättern.

Rechts: *Ein inmitten von* Spathiphyllum-*Pflanzen stehendes antikes Wassergefäß dient als Gartenschmuck.*

Oben: *Beschattet von einem Mangobaum, wachsen auf einer Terrasse in der Nähe des Vordereingangs diverse Farne und Blattpflanzen in Kübeln.*

Links: *Heliconia illustris, die in erster Linie ihrer bunten Blätter wegen kultiviert wird, und eine Spathiphyllum-Hybride mit großen Blütenständen.*

*Eine sorgfälig geschnittene Hecke aus Zwerg-*Ixora *führt an der Auffahrt entlang zum Haus. Vor diesem steht ein von* Solandra guttata *(Goldkelch) umranktes Spalier, neben dem Heliconien wachsen. Der Baum, dessen Zweige den Garten beschatten, ist eine Birkenfeige* (Ficus benjamina).

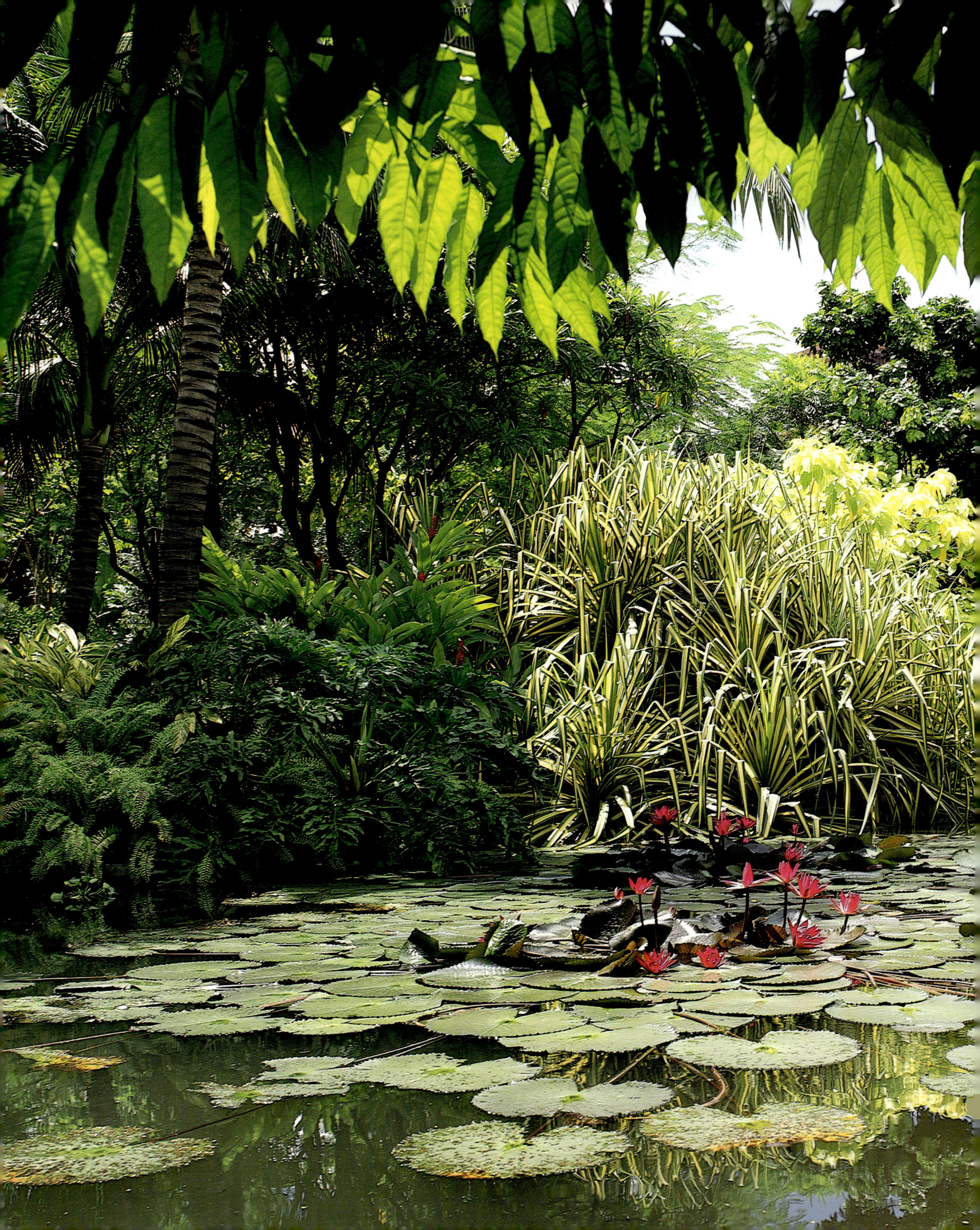

Der Garten des Bangkok Hilton International

Das Hilton International Hotel von Bangkok wurde zum Teil auf dem Gelände eines privaten Gartens errichtet, den ein bekannter Geschäftsmann namens Nai Lert Anfang des Jahrhunderts hatte anlegen lassen. Damals lag der Nai Lert-Park, wie man den Garten nannte, noch am Rande der Stadt und war nur über einen Kanal zu erreichen. Er diente als Refugium, in das man sich an Wochenenden zur Erholung zurückzog. Als Nai Lerts Tochter, Khunying Lurasakdi Sampatisiri, sich Mitte der achtziger Jahre entschloß, den Besitz zu erschließen, gestaltete sie einen Teil des Parks um und integrierte ihn in den Hotelgarten. Dadurch entstand einer der größten halbprivaten Gärten in Bangkoks Innenstadt. Wasser spielt eine wichtige Rolle in dieser Anlage. Es gibt einen künstlichen Wasserfall von beträchtlichen Ausmaßen sowie zwei Teiche, von denen der größere mit *Victoria amazonica* bepflanzt ist. Die meisten Pflanzen des Gartens kommen aus Khunying Lurasakdis eigener großer Sammlung. Unter ihnen befindet sich eine ungewöhnlich große Auswahl an Bäumen, Büschen, Kletterpflanzen und Bodendeckern. Die meisten dieser Gewächse sind sowohl mit ihrem thailändischen als auch mit ihrem botanischen Namen gekennzeichnet. Zu den blühenden Bäumen des Gartens gehören *Jacaranda*, *Delonix* (darunter eine Art mit aprikosenfarbenen Blüten), weiß und rot blühende *Erythrina*, *Bauhinia* (Orchideenbaum), *Peltophorum inerme*, *Saraca indica* (Asokabaum), *Plumeria*, *Tabebuia* und verschiedene Arten von *Cassia*. Eine davon, *Cassia fistula*, der Indische Goldregen, ist der Nationalbaum Thailands. In den schattigeren Bereichen des Gartens wachsen Philodendren, Farne und verschiedene andere Blattpflanzen. An sonnigeren Standorten findet man Sträucher wie *Ixora* (weiß, orange, rosa und rot blühend), Oleander, *Hibiscus*, *Lantana*, Jasmin und Gardenie. Zu den Kletterpflanzen gehören *Petrea volubilis* (Purpurkranz), verschiedenfarbig blühende *Bougainvillea*, *Beaumontia grandiflora* (mit duftenden weißen Blütenständen) und eine kletternde *Bauhinia* mit weißen Blüten und farnartigen Blättern.

Trotz seiner Größe strahlt der Garten des Hilton International die intime Atmosphäre eines Privatgartens aus, denn er hat fast ein Jahrhundert lang manches von seinem ursprünglichen Charakter bewahren können.

*I*m größten Teich des Hilton-Gartens wachsen gewöhnliche Seerosen und, im Hintergrund, auch eine riesige Victoria amazonica. *Am gegenüberliegenden Ufer steht ein großer Schraubenbaum (Pandanus sanderi) mit gemusterten Blättern.*

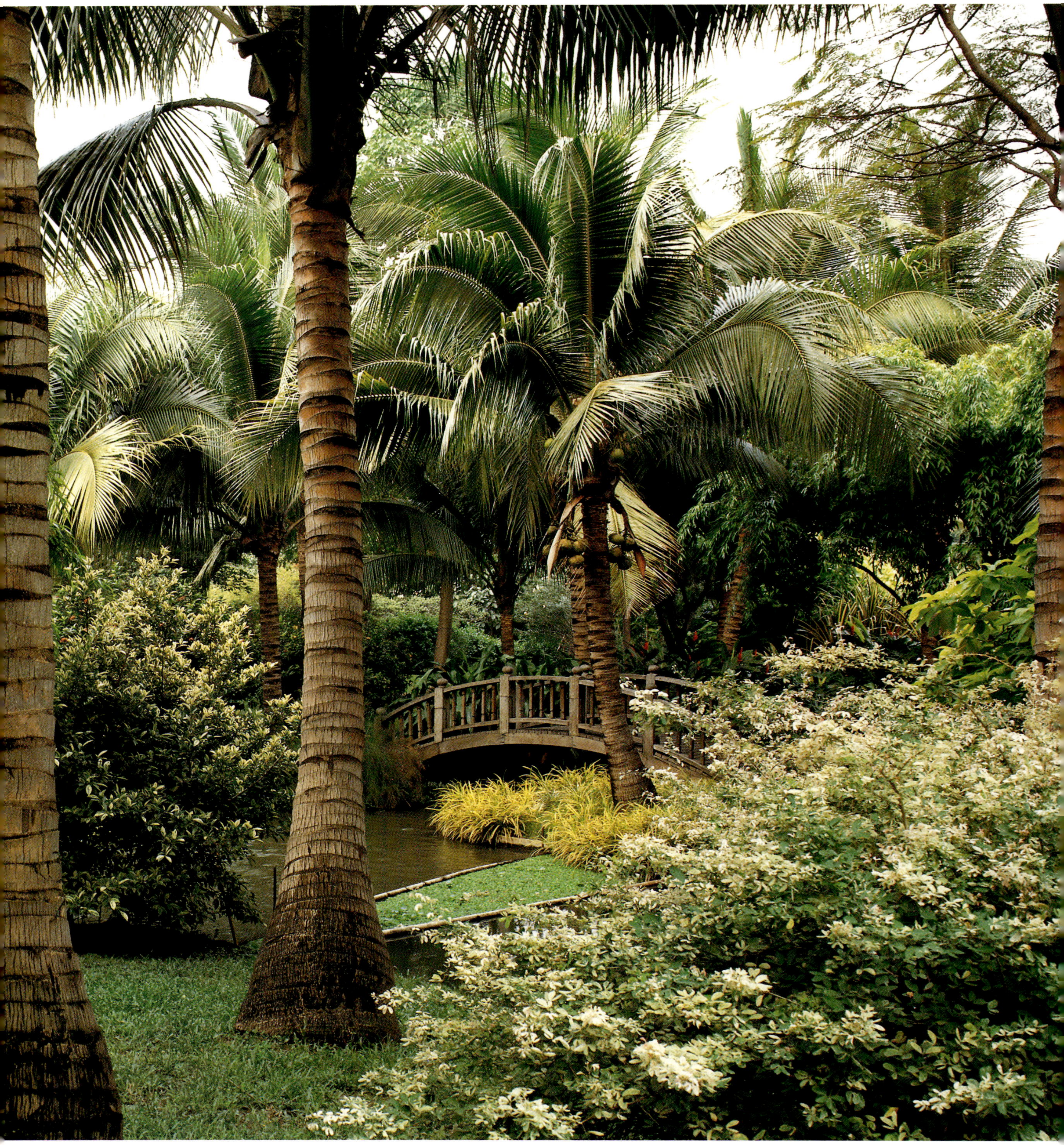

Seite 166: *Unter den Kronen von Kokospalmen und blühenden Bäumen wölbt sich eine Brücke über einen der Wasserläufe des Gartens.*

Bixa orellana, *der Orleanbaum, trägt weiße, fünfzählige Blüten mit zahlreichen Staubblättern.*

Links: Acalypha hispida, *der ‚Katzenschwanz', mit seinen charakteristischen Blütenständen*

Oben: *Ein künstlicher Wasserfall im Schatten eines kleinen Urwalds aus Feigenbäumen und Bambus gehört zu den sehenswertesten Bereichen des Hilton-Gartens.*

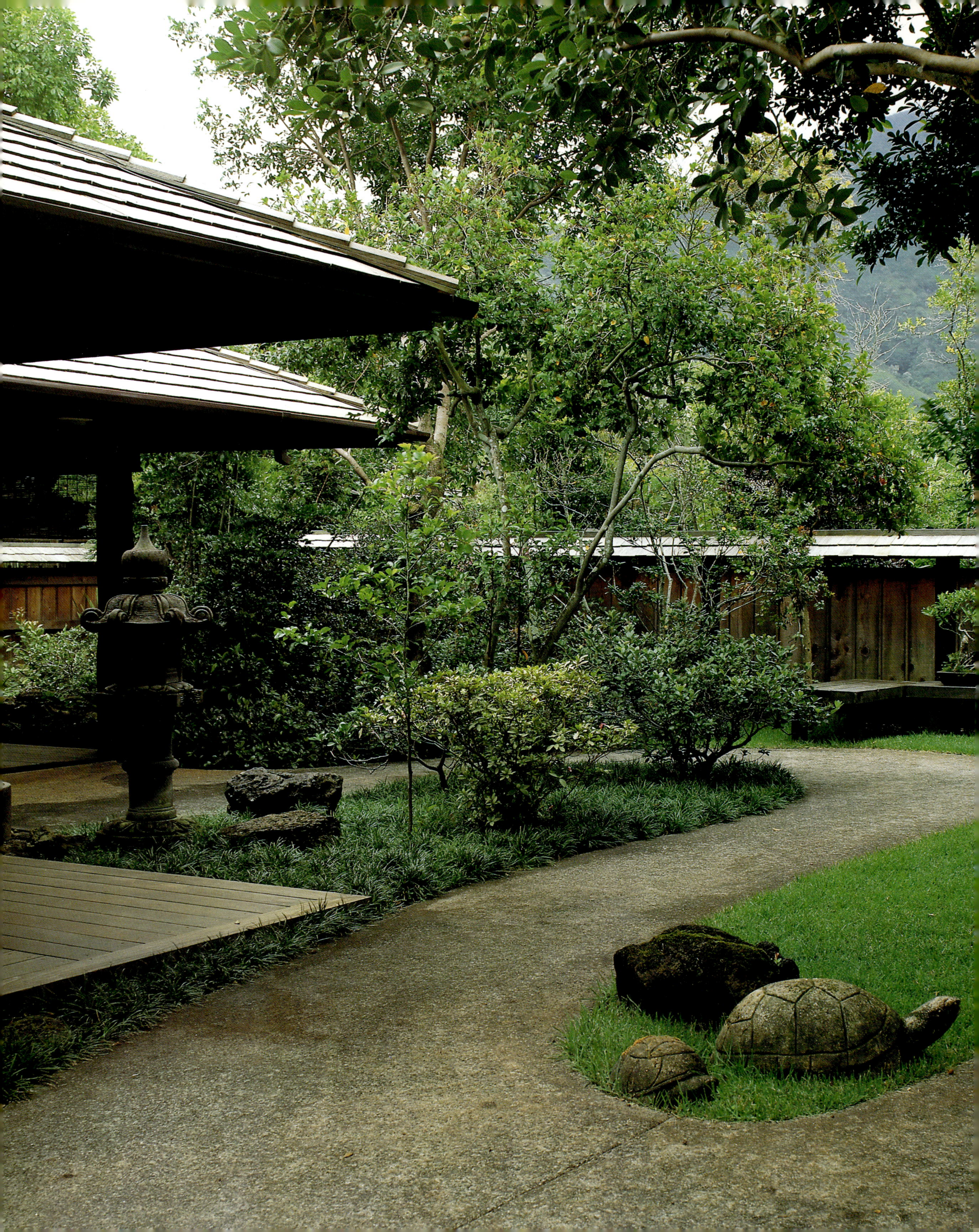

Details der Gartengestaltung

Rechts: *Ein zur Zierde aufgestelltes modernes Tongefäß aus Thailand*

Links: *Innenhof der Galerie Hart und Tagami auf Hawaii*

*I*n den Tropen, genau wie auch in der gemäßigten Zone, wird der Eindruck, den ein Garten auf seine Besucher macht, nicht nur durch die Auswahl und Anordnung seiner Pflanzen geprägt. Das Geschick, mit dem bestimmte Gestaltungselemente verwendet werden, um die natürliche Schönheit des Gartens zur Geltung zu bringen, ist von ebenso entscheidender Bedeutung. Ein außergewöhnlicher Gartenweg oder Durchgang, eine schöne, aber dennoch zweckmäßige Umfriedung oder Mauer, raffiniert gewählte Aussichtspunkte sowie die phantasievolle Auswahl und Plazierung von Statuen, Brunnen, Teichen oder sogar ausgedehnten künstlichen Seen – all das kann dazu beitragen, eine Atmosphäre zu schaffen, die einen Garten zu etwas Besonderem macht.

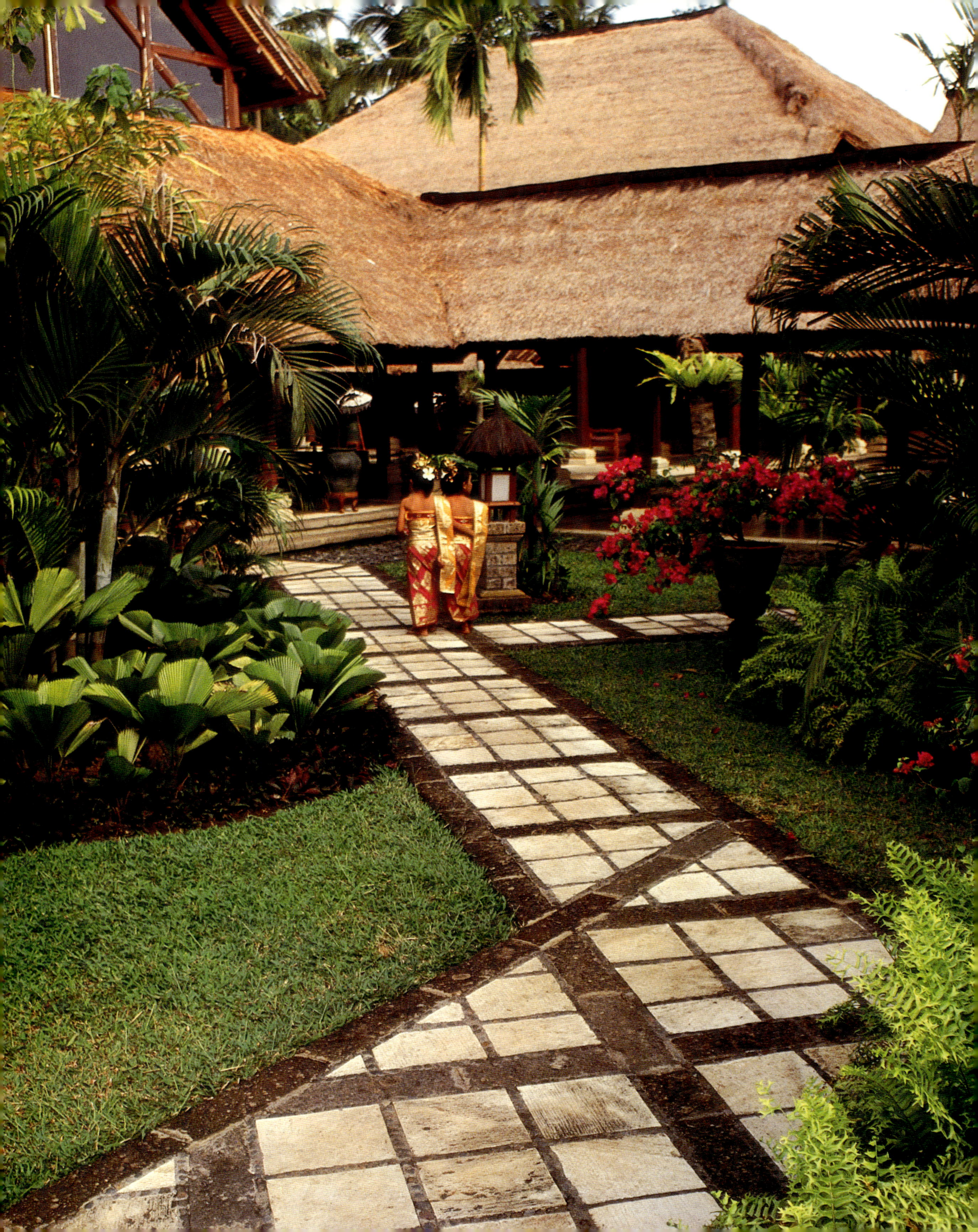

Wege und Pfade

Gartenwege sind zwar notwendig, sie setzen aber auch Akzente, die das Gesamtbild eines Gartens bereichern oder von ihm ablenken können. Durch ein interessantes Muster aus Ziegelsteinen oder anderen Materialien wird aus einem Weg weit mehr als eine nützliche Verbindung zwischen zwei Gartenbereichen; auch ein Hof oder eine Terrasse kann durch ein interessantes Pflaster einen ganz individuellen Charakter gewinnen. Andererseits kann der phantasielose Gebrauch von Zement einen ansonsten schönen Ausblick gänzlich zerstören. Von großer Bedeutung ist die sorgfältige Auswahl der Pflanzen, die die vom Menschen angelegten Strukturen einfassen sollen. Sie können deren Ränder teilweise oder vollständig verbergen oder sie betonen.

Rechts: *In einem Garten in Nordthailand wurden die Scheiben eines Baumstammes als Tritt 'steine' in einen Weg eingesetzt.*

Links: *Die Wege, die den Hof des Amandari-Hotels (Bali) durchqueren, bilden interessante geometrische Muster. Der Garten wurde von M. Wijaya entworfen.*

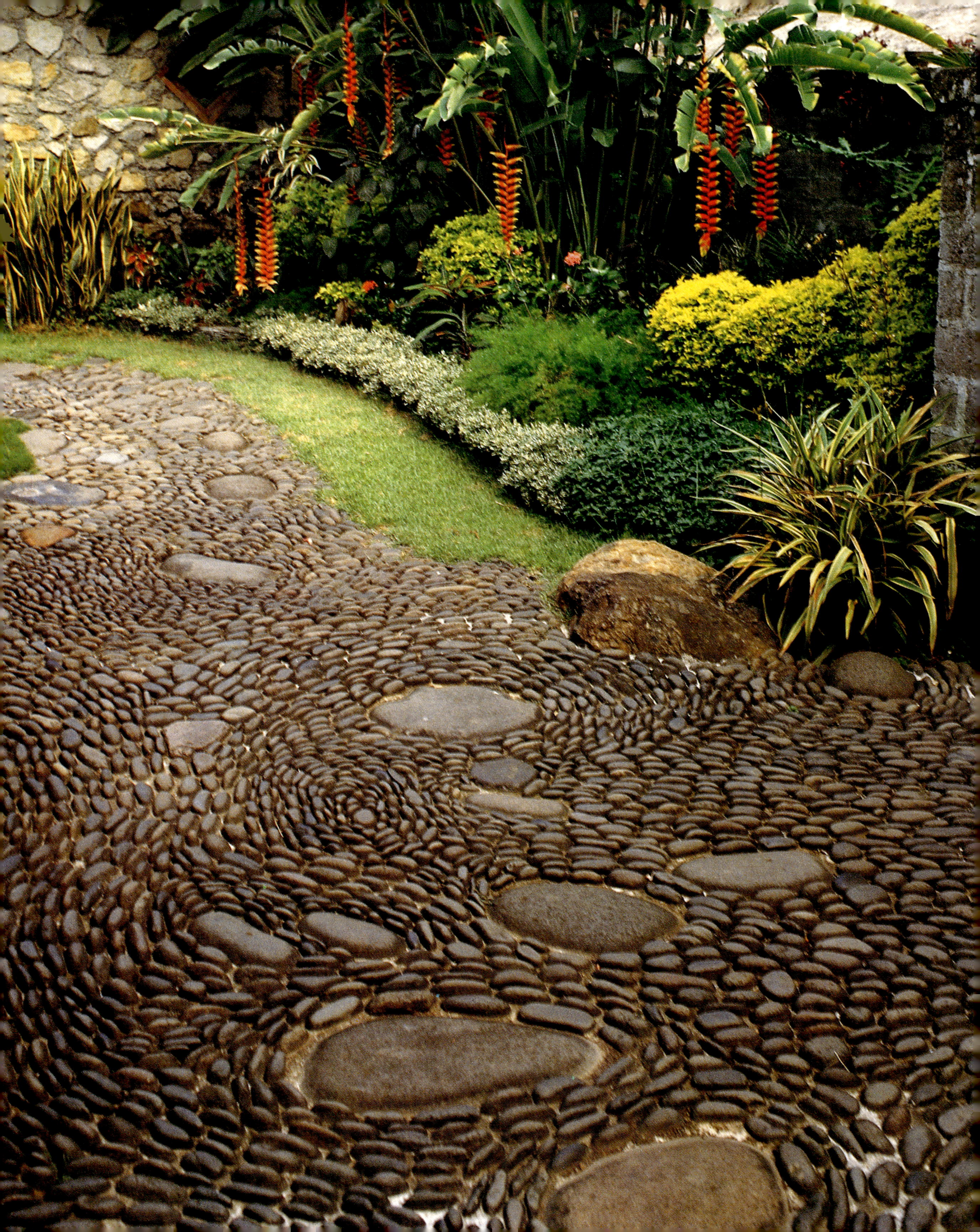

Seite 172: *Der Hof des Han Snel-Gästehauses in Ubud (Bali) ist mit großen Steinen und in Wirbeln verlegten Kieseln gepflastert. Vor einer Mauer im Hintergrund kann man die herabhängenden Blütenstände von Heliconien erkennen.*

Gepflasterter Weg im Garten des Bangkok Oriental-Hotels

Ein eher rustikaler, von farbig gemusterten Bodendeckern gesäumter Pfad im Cibodas Botanical Garden auf Java

Mit Backsteinen gepflasterter Weg in einem malaiischen Erholungsort

Schmuckelemente im Garten

Es gibt viele Möglichkeiten, Ziergegenstände wie Statuen oder anderes in einen Garten einzufügen. Ausschlaggebend ist allein der persönliche Geschmack. Große Flächen können durch einen Pavillon ein Orchideenhaus oder eine Voliere gewinnen, während sich kleinere Gärten durch geschickt aufgestellte Plastiken aus Holz, Stein oder Metall bereichern lassen. Auch große Wasserbehälter können als Zierde dienen, vor allem, wenn sie geschmackvoll bepflanzt sind. Besondere Akzente lassen sich auch durch ansprechende Gartenmöbel oder aparte Kunstobjekte setzen; seien sie nun charakteristisch für die jeweilige Region oder eigens für ihren späteren Standort hergestellt.

Abb. rechts oben: *Eine antike chinesische Statue; ein aus dem Nordosten Thailands stammender Keramikfisch und eine Steinfigur des Hindu-Gottes Ganesha.*

Rechts unten: *Ein aus Nordthailand stammendes Häuschen für Schutzgeister im Garten des Ehepaars van Outrive in Bangkok.*

Links: *Eine im Thai-Stil errichtete Laube an einem Gartenteich in Bangkok*

Unten: *Eine Zierfigur im Botanischen Garten von Singapur*

*B*emalte Wassergefäße
vor dem chinesischen Restaurant des
Oriental-Hotels

*G*lasierte Kacheln
schmücken eine Gartenmauer in Singapur.

*I*m Boden eingelassene
Gefäße, in denen Seerosen wachsen

*E*in irdenes Gefäß aus Thailand und ein antiker, mit Seerosen bepflanzter Wasserbehälter

*E*in riesiges, aus dem 14. Jahrhundert stammendes Wassergefäß in einem Garten in Bangkok

Mauern und Zäune

Mauern und Zäune sind in der Regel notwendig, wenn man seinen Besitz nach außen hin abgrenzen oder bestimmte Gartenbereiche abteilen möchte. Solche Umfriedungen fördern zwar nicht gerade eine gute Nachbarschaft, sie lassen sich aber auf vielfältige Weise verschönern. Man kann sie zum Beispiel von Pflanzen überwuchern lassen oder sie so in ihre Umgebung einfügen, daß sie zu einem Teil des Gartens werden. Zumeist wird das Aussehen einer Mauer oder eines Zaunes jedoch von dem Material bestimmt, aus dem sie bestehen. Durch phantasievollen Einsatz von Bambus, Korallenkalk (wie auf Bali üblich) oder anderen Materialien lassen sich besondere Effekte erzielen.

Eine mit verschiedenen Bromelien bepflanzte Steinmauer im Garten des Kahala Hilton-Hotels in Honolulu

An einer Mauer aus dicht zusammengefügten Steinen wächst eine Kletterfeige (Ficus pumila)

Balinesische Mauer aus dünnen Platten vulkanischen Gesteins

Eine mit Mustern verzierte Mauer aus Korallenkalk in einem balinesischen Garten

Mexikanischer Knöterich (Antigonon leptosus) *an einer Mauer aus schwarzem Korallenkalk*

Aus Lavagestein erbaute Mauer in Bali

Diese von den Wurzeln eines Feigenbaums umschlungene Steinmauer entzieht sich dem Blick fast ganz.

In diese Mauer auf Bali wurden glasierte chinesische Kacheln eingefügt.

Abwechslungsreich gestalteter Bambuszaun am Oriental-Hotel

Ein ländlicher Zaun aus gespaltenem Bambus (Lampang in Nordthailand)

*E*in nüchtern gestaltetes weißes Holzgeländer an einer Gartentreppe in Honolulu

*M*assive Mauer aus Stein und Zement (Amandari-Hotel auf Bali)

Teiche, Fontänen und Wasserfälle

Schon immer waren Zierteiche, Brunnen und Kaskaden wesentliche Bestandteile tropischer Gärten. Ein Zierteich kann recht sachlich, praktisch als Fortsetzung eines Gebäudes angelegt sein, er kann aber auch, durch geschickt angeordnete Pflanzen und Steine, ein völlig natürliches Aussehen besitzen. Brunnen lassen sich auf die vielfältigste Art und Weise gestalten, wie man aus den abgebildeten Beispielen ersehen kann. Dank der heutigen technischen Möglichkeiten kann man das romantische Plätschern eines Wasserfalls selbst dann genießen, wenn die Geländeform dafür an sich nicht geeignet ist.

Oben: *Aus Keramikgefäßen zusammengesetzter Springbrunnen in einem Garten in Nordthailand*

Links: *Ein alter chinesischer Schleifstein bildet die Basis eines kleinen Springbrunnens im Ault-Garten auf Phuket.*

Oben: *Stufenförmig angeordnete Wasserbecken bilden eine Kaskade (Garten von M. L. Tri Devakul auf Phuket).*

Unten: *Im Garten des Prasart-Museums (Bangkok) ergießt sich ein künstlicher Wasserfall in ein Becken mit Goldfischen.*

*K*hmer-Figuren in einem geometrisch angelegten Teich im Garten von M. R. Kukrit Pramoj in Bangkok

*E*in aus Laterit angefertigter Teich für Seerosen und andere Wasserpflanzen

*M*it Seerosen und Lotosblumen bepflanztes Wasserbecken

*D*ieser Teich unter der Terrasse eines Hauses auf Bali beherbergt verschiedene Wasserpflanzen.

*I*m Garten des Kahala Hilton-Hotels liegt dieser Teich, dem große Steine und ein künstlicher Wasserfall ein nahezu natürliches Aussehen verleihen.

Schwimmbecken

In den Tropen sind Schwimmbecken von besonderer Bedeutung für die Gartengestaltung. Sie sind Wassergärten und Orte der Erholung für die ganze Familie in einem. Besonders die Swimming-pools der großen Hotelgärten beeindrucken oft durch ihre Größe und ihre phantasievollen Formen. Derjenige des Amandari-Hotels auf Bali folgt beispielsweise in seiner Form den unregelmäßigen Umrissen von Reisterrassen. Sein Wasser ergießt sich in spektakulärer Weise in ein tiefer gelegenes Tal. Andere Becken wiederum enthalten üppig bepflanzte kleine Inseln. Selbst den üblichen rechteckigen Schwimmbecken kann man durch ungewöhnliche Brunnen oder große, mit blühenden Sträuchern und Schlinggewächsen bepflanzte Kübel ein apartes Aussehen verleihen.

Oben links: *Das Schwimmbecken des Amandari-Hotels in Ubud auf Bali*

Oben: *In das Schwimmbecken des Pelangi Resort in Langkawi (Malaysia) wurden natürliche Felsblöcke einbezogen.*

Rechts: *Ein in die Felsen über dem Meer eingelassenes Salzwasserbecken auf Phuket*

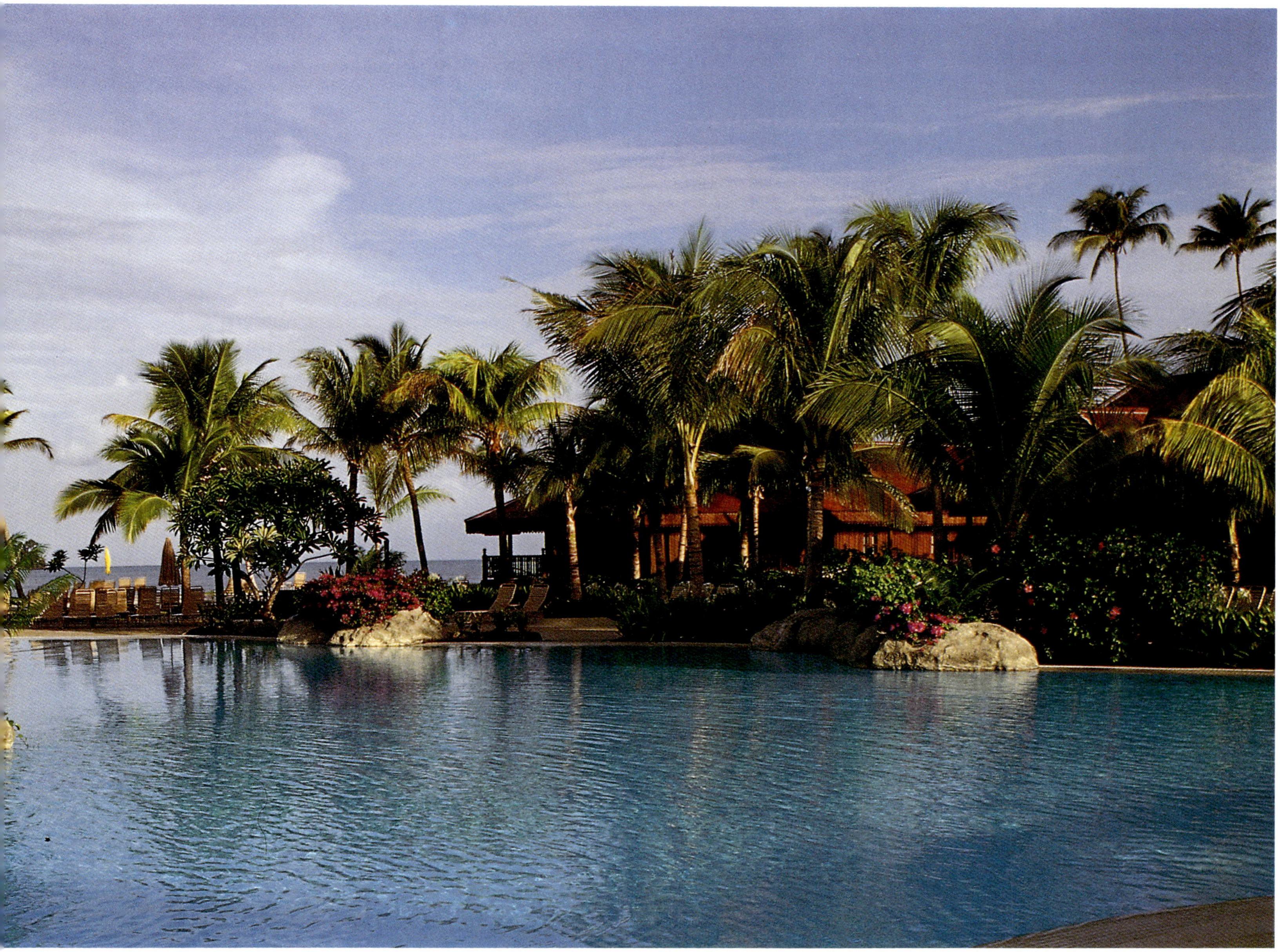

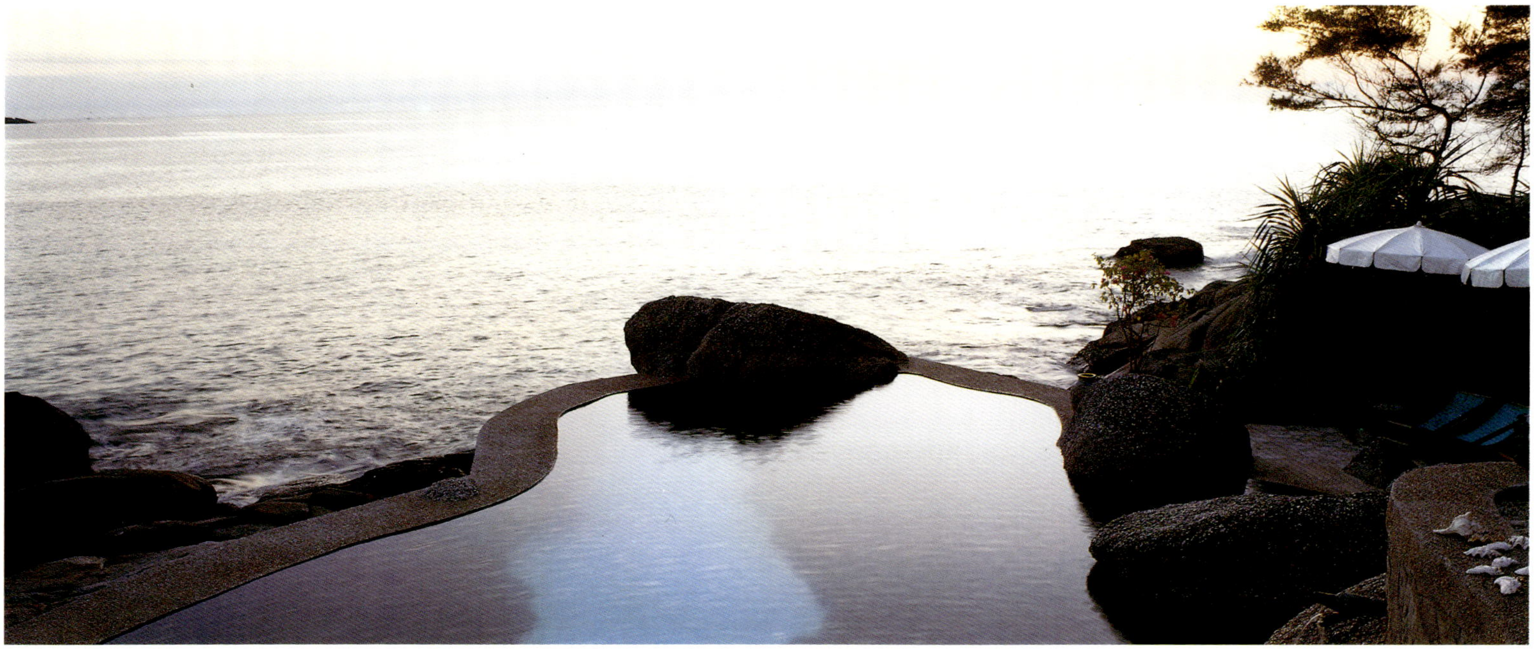

Links: *Ein von dichter tropischer Vegetation umgebener Swimming-pool in einem Garten auf Bali*

Links: *Das Wasser dieses Gartenteichs auf Hawaii sprudelt aus einem mit Bromelien überwachsenen Brunnen aus schwarzem Gestein hervor.*

Seite 189: *Ein Swimming-pool mit Blick auf den Pazifischen Ozean bei Honolulu; im Vordergrund steht links eine* Mussaenda *mit rosafarbenen Blüten, rechts ein weiß blühender Pagodenbaum.*

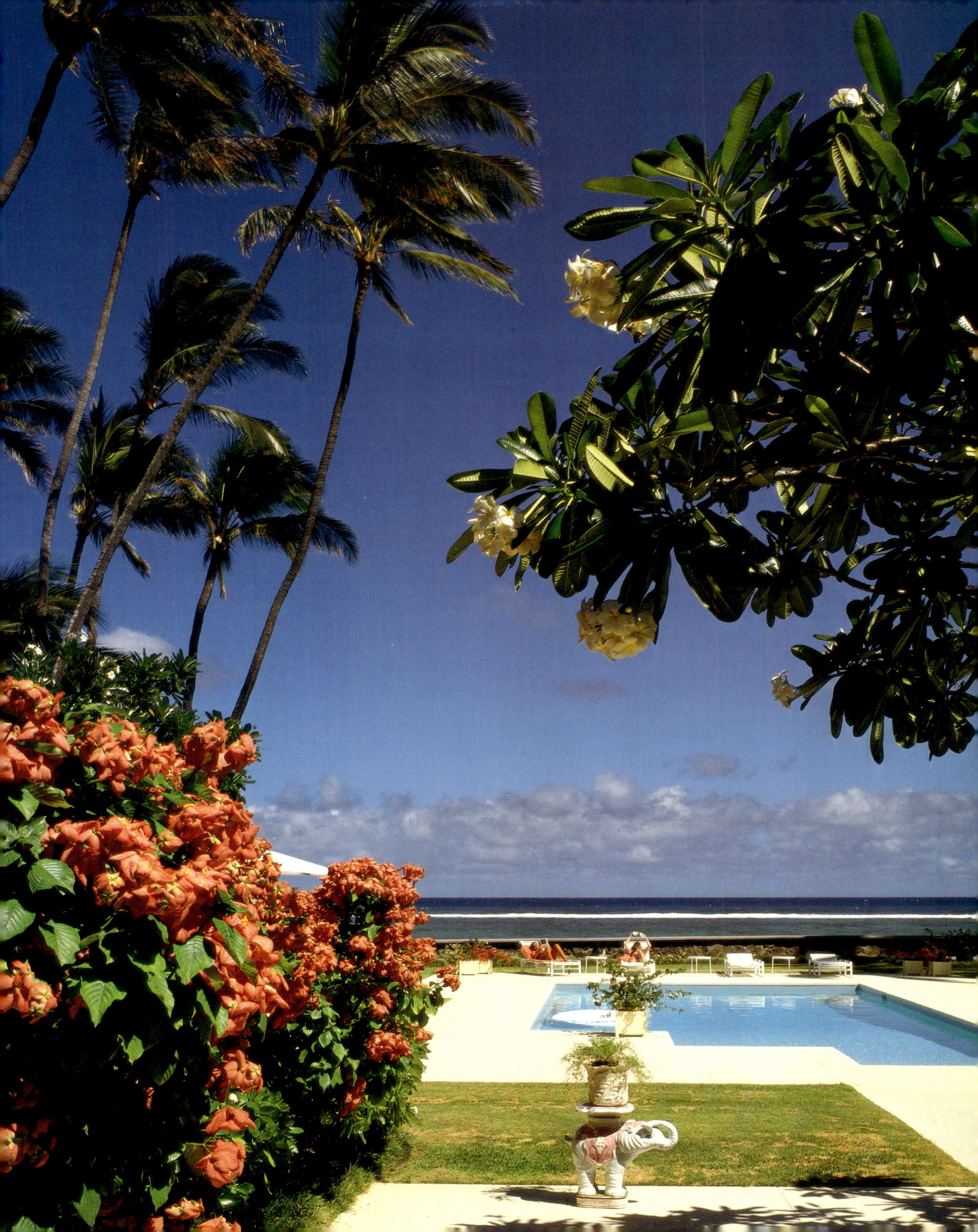

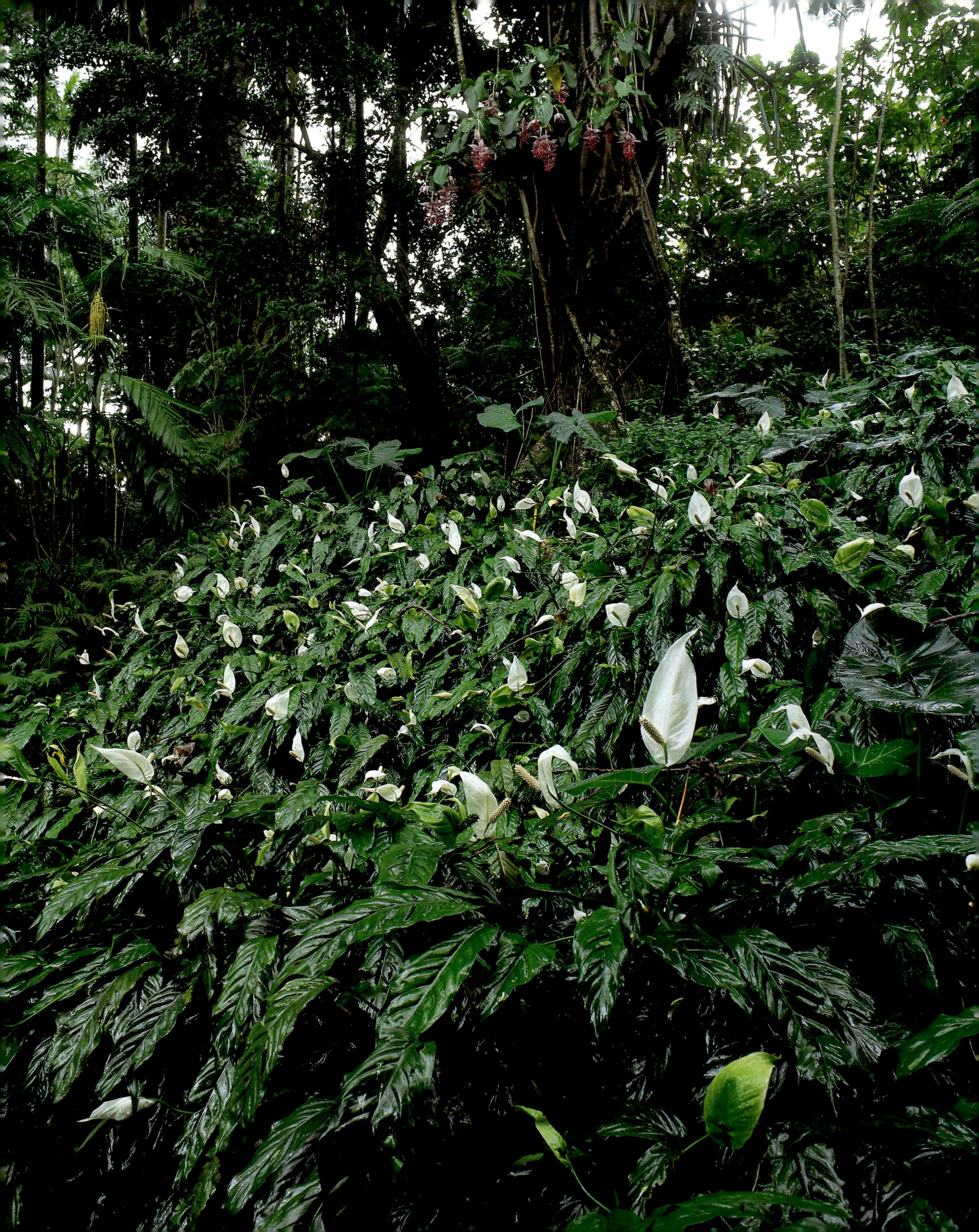

Tropische Pflanzen

Rechts: *Der Pflanzenmarkt in Bangkok bietet eine Auswahl von Bodendeckern mit verschiedenen Blattformen und -farben.*

Links: *Ein dicht mit Spathiphyllum bepflanztes Beet*

„*E*s dauert eine Weile, bis man sich an die Palme als allgegenwärtigen, das Landschaftsbild beherrschenden Gegenstand gewöhnt hat*"*, schrieb einst ein Tropenreisender aus unseren Breiten. Das gleiche gilt für unzählige andere Zierpflanzen, die viele von uns nur als empfindliche Zimmer- oder Gewächshauspflanzen kennen. Sie alle – Kletterpflanzen und Bodendecker, Sträucher und blühende Bäume sowie Exoten mit leuchtend gefärbten Brakteen (Deckblättern) und unglaublich vielfältig gemusterten Blättern – sind für einen Gärtner in den Tropen ganz gewöhnliche Gartengewächse. Die Zahl der zur Auswahl stehenden tropischen Pflanzen ist ungeheuer groß und die Möglichkeiten, mit ihnen eine Landschaft zu gestalten, schier unermeßlich.

Heliconien und Ingwergewächse

Seite 193, oben: Alpinia sanderae; Dichorisandra thyrsiflora („Blauer Ingwer")
Mitte: Tapeinochilus ananassae; Alpinia purpurata („Roter Ingwer")
Unten: Strelitzia reginae; Strelitzia nicolai

Der tropische Garten von heute verdankt einige seiner strahlendsten Farbtupfer den Heliconien und den Ingwergewächsen. Beide besitzen zwar relativ unscheinbare Blüten, haben dafür aber extrem auffällige Brakteen (Deckblätter). Die aus dem tropischen Amerika stammende Gattung *Heliconia* umfaßt rund 80 Arten. Manche sind zwergenhaft klein, andere wiederum baumgroß wie ihre nahe Verwandte, die Banane. Die meisten Heliconien fallen durch farbenfrohe rote, orangefarbene, gelbe oder rosafarbene Deckblätter auf, die den aufrechtstehenden oder hängenden Blütenständen ein so dekoratives Aussehen verleihen. Mit den Heliconien verwandt und ebenso exotisch in ihrem Erscheinungsbild ist *Strelitzia*, die wundervolle Paradiesvogelblume, mit ihren blau und orange oder blau und weiß gefärbten Blüten.

Ähnlich vielfältig ist die Familie der Ingwergewächse, die 45 Gattungen mit 700 Arten umfaßt. Besonders beliebt sind der „Rote Ingwer" *(Alpinia purpurata)* mit rubinroten Brakteen, *Alpinia zerumbet* mit rosafarbigen Blütenkelchen und gelb und rot gemusterten Blüten sowie *Nicolaia elatior (Phaeomeria magnifica)*, bei der die wachsigen, rosa oder rot gefärbten Deckblätter direkt aus dem Boden emporragen.

Heliconia stricta

Nicolaia elatior

Blühende Banane (Musa)

Alpinia nutans

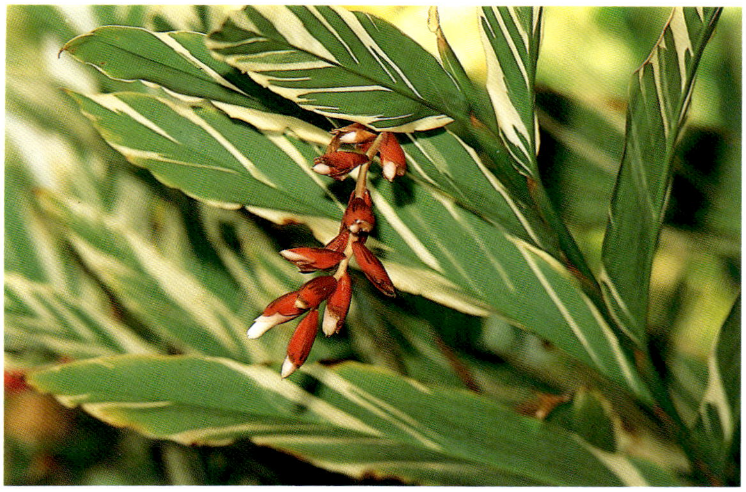
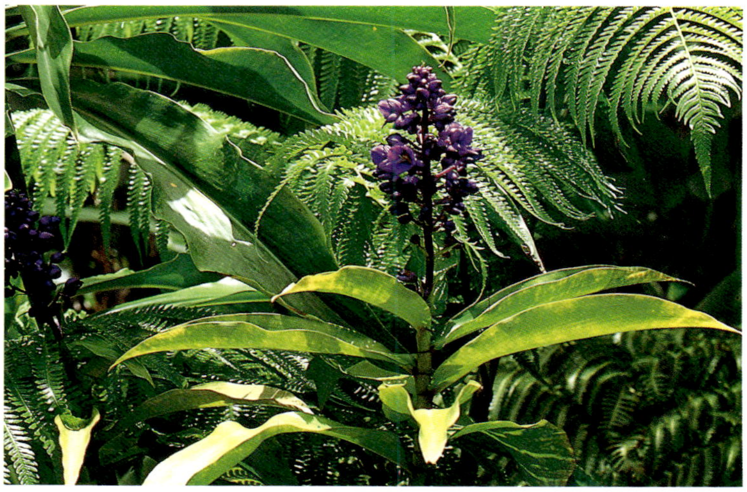
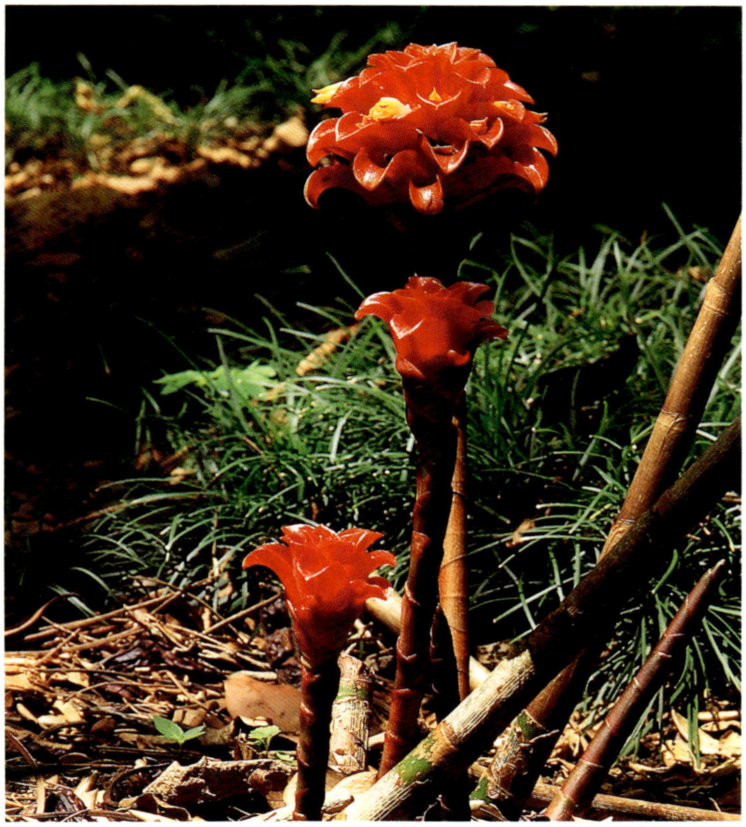
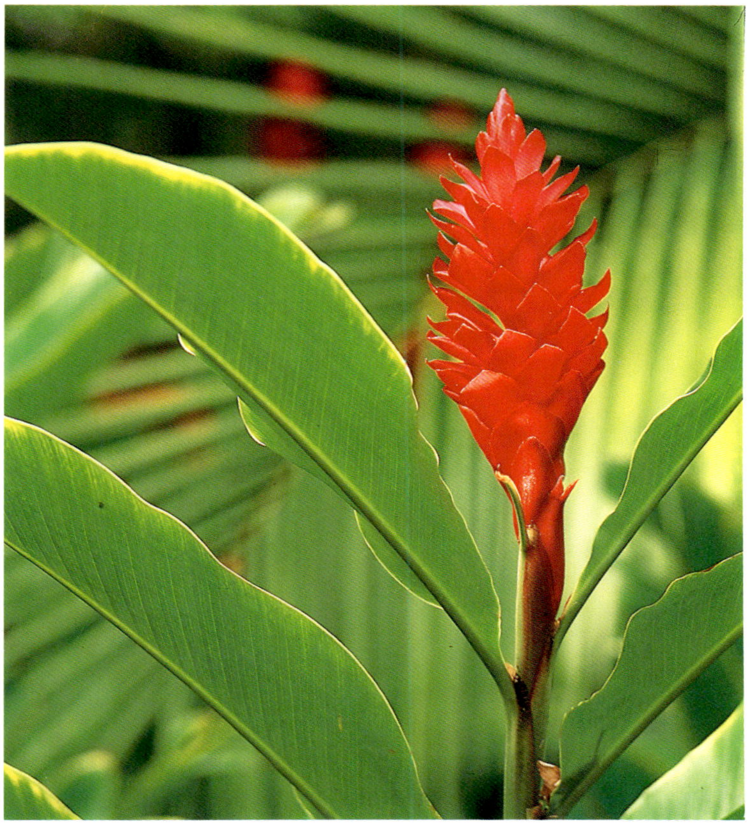
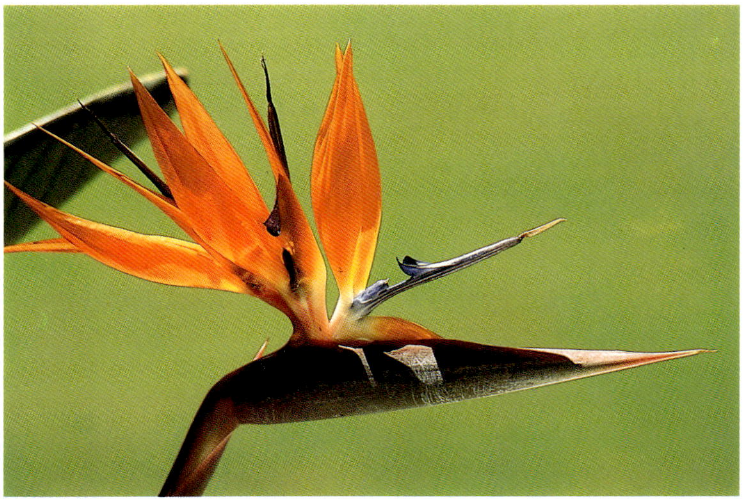
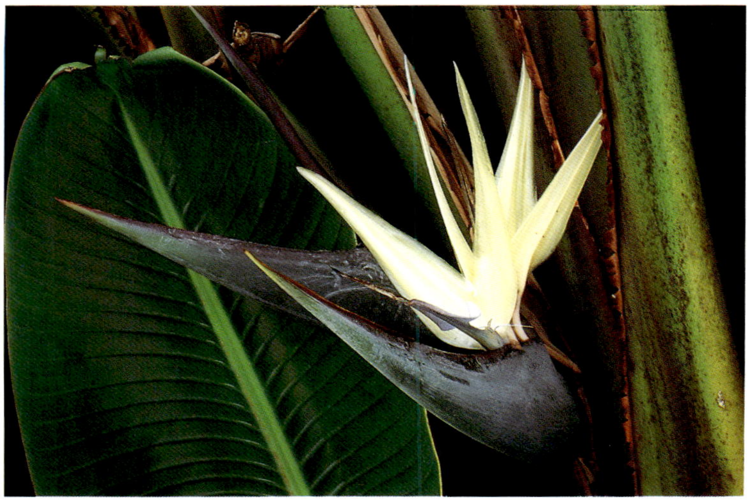

Links: Heliconia latispatha
Rechts: Heliconia caribaea

Links: Heliconia wagneriana
Rechts: Heliconia caribaea

Links: Heliconia psittacorum
Rechts: Heliconia trichocarpa

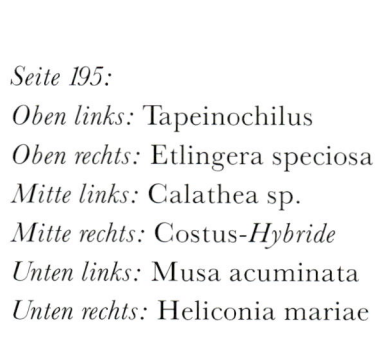

Seite 195:
Oben links: Tapeinochilus
Oben rechts: Etlingera speciosa
Mitte links: Calathea sp.
Mitte rechts: Costus-*Hybride*
Unten links: Musa acuminata
Unten rechts: Heliconia mariae

195

Blattpflanzen

Wie kann man einem Standort, der für schön blühende Pflazen zu feucht und schattig ist, Farbe verleihen? Für Gärtner in den Tropen ist dies kein unlösbares Problem. Es gibt nämlich eine Vielzahl exotischer Pflanzen, die eine feuchte Dschungelatmosphäre lieben und gleichzeitig durch ihr bunt gemustertes Blattwerk sehr dekorativ wirken. In der Sonne wie auch im Halbschatten gedeihen so beliebte Blattpflanzen wie Keulenlilien *(Cordyline,* auf Hawaii auch Ti-Pflanze genannt), deren Blätter in Farbtönen von Bronze bis zu strahlendem Rot schimmern; zahlreiche Arten von kleinen und großen Drachenbäumen *(Dracaena);* Croton *(Codiaeum),* dessen Blätter eine nahezu unendliche Vielfalt raffinierter Muster aufweisen, sowie *Acalypha* mit rötlichbraunen, kupferfarbenen oder gemusterten Blättern und *Sanchezia nobilis,* deren grüne Blätter von leuchtend gelb gefärbten Adern durchzogen sind. Schattige Bereiche lassen sich durch eine Auswahl an *Dieffenbachia-* oder *Aglaonema-*Hybriden mit vielfältig weiß und grün gemusterten Blättern sowie zahlreiche Arten der Gattungen *Maranta* und *Calathea* abwechslungsreich gestalten. Auch *Anthurium, Alocasia* und *Philodendron,* deren Blattmuster bisweilen an abstrakte Gemälde erinnern, und die in unzähligen Varietäten erhältliche Buntwurz *(Caladium)* fühlen sich in einem schattig-feuchten Dschungelgarten wohl.

Seite 197: Oben links: Blätter von Hibiscus rosa-sinensis ‚cooperi‘
Oben rechts: Amaranthus tricolor
Mitte links: Amaranthus tricolor
Unten links: Caladium
Unten rechts: Dieffenbachia amoena ‚Tropenschnee‘

Links: Hibiscus rosa-sinensis *mit panaschierten Blättern*

197

Acalypha wilkesiana ‚*Feuerdrachen*‘

Strobilantes dyerianus ‚*Persischer Schild*‘

Codiaeum variegatum

Codiaeum variegatum

Hybridkeulenlilie

Codiaeum variegatum

Schefflera *mit gemusterten Blättern*

Anthurium crystallinum

Blühende Sträucher

Die klimatischen Verhältnisse und die Bodenbedingungen – beide sind in den Tropen weit vielfältiger als allgemein angenommen – entscheiden darüber, welche der vielen zur Auswahl stehenden Sträucher in einem bestimmten Garten gedeihen. Manche von ihnen brauchen eine längere Trockenzeit, um richtig zu blühen, andere wiederum benötigen einen bestimmten Boden, eine bestimmte Höhenlage oder aber einige Monate lang kühleres Wetter. Fast alle Sträucher lieben durchlässigen Boden und reichlich Sonne.

Seit jeher überall beliebt ist der Hibiskus, der heute dank intensiver Züchtung über Blüten der verschiedensten Farben und Formen verfügt (von klein und einfach bis riesengroß und gefüllt). Ebenfalls recht beliebt sind: *Ixora* in Zwergform oder normaler Größe, mit weißen, gelben, orange- und rosafarbigen oder roten Blüten; die von den Philippinen stammende *Mussaenda* mit großen, strahlenförmig angeordneten creme- oder rosafarbigen Kelchblättern; *Plumbago* (Bleiwurz), einer der wenigen Büsche mit blauen Blüten; strauchförmige Arten der Gattung *Caesalpinia*, sowie die trockenresistente Wüstenrose *(Adenium obesum)* und eine buschförmige Art der Gattung *Allamanda*, die auf sandigem Untergrund in Meeresnähe gedeiht. Am betörendsten duften, besonders am Abend, *Cestrum nocturnum*, ausgewählte Sorten von *Jasminum, Murraya paniculata* (‚Falsche Orange') sowie Gardenie *(Gardenia jasminoides)* und *Michelia*.

Hibiscus siriacus

Strauchförmige Allamanda

1. Reihe und 2. Reihe links: Hibiscus-
   Hybriden;
2. Reihe rechts: Hibiscus rosa-sinensis;
3. Reihe links: Cordia;
3. Reihe rechts: Baleria;
Unten links: Pachystachys lutea;
Unten rechts: Adenium obesum

Euphorbia (Poinsettia)

Warszewiczia coccinea

Seite 203:
Oben links: Ixora macrothyrsa;
Oben rechts: Bixa orellana;
Mitte links: Ixora-*Hybride;*
Mitte rechts: Mussaenda philippica;
Unten links: Ixora-*Hybride;*
Unten rechts: Medinilla magnifica

203

Wasserpflanzen

Ziergewässer sind ein fester Bestandteil vieler tropischer Gärten. Dabei kann es sich um kleine Teiche, aber auch um ansehnliche Seen oder Wasserläufe handeln, die ihrerseits wiederum durch Zierpflanzen geschmückt werden. Solche Wasserpflanzen gedeihen am besten, wenn das Gewässer maximal etwa einen Meter tief ist und wenn bei der Auswahl der Fische darauf geachtet wird, daß diese die Pflanzen nicht abfressen. Verständlicherweise sind unter den Wasserpflanzen die in vielen Farben blühenden Seerosen besonders beliebt. In einem wirklich großen Teich läßt sich sogar die Lieblingspflanze der großen Gewächshäuser des 19. Jahrhunderts ziehen, die *Victoria amazonica*. Lotos neigt dazu, zu wuchern und sollte daher, wenn kein eigener Teich zur Verfügung steht, in Pflanzbehältern gezogen werden. Für kleine Teiche und Wasserbecken eignen sich frei auf der Wasseroberfläche schwimmende Pflanzen wie ‚Wassermohn' *(Hydrocleis nymphoides)*, Wassersalat *(Pistia stratiotes)* und die schöne Wasserhyazinthe *(Eichhornia crassipes)*. Die Ränder eines Teiches lassen sich durch Anpflanzen von Zypergras *(Cyperus)* natürlich gestalten. Diese Gattung umfaßt zahlreiche Arten, darunter die wohlbekannte Papyrusstaude *(Cyperus papyrus)*. Für die Bepflanzung eines Teichufers ebenfalls geeignet sind: *Thalia geniculata* (‚Wasser-Canna') mit hellvioletten, in Büscheln herabhängenden Blüten sowie kleine und große *Pandanus*-Arten (Schraubenbäume) mit ihren eleganten Blättern.

Nelumbo nucifera *(Indische Lotosblume)*

Victoria amazonica

Verschiedene Seerosen (Nymphaea sp.)

205

Pandanus sanderi *und* Caryota urens

Seite 207:
Oben: *Zypergras* (Cyperus alternifolius), *Taro* (Colocasia) *und Seerosen* (Nymphaea),
Unten: *Wasserhyazinthen* (Eichhornia) *und Wassersalat* (Pistia)

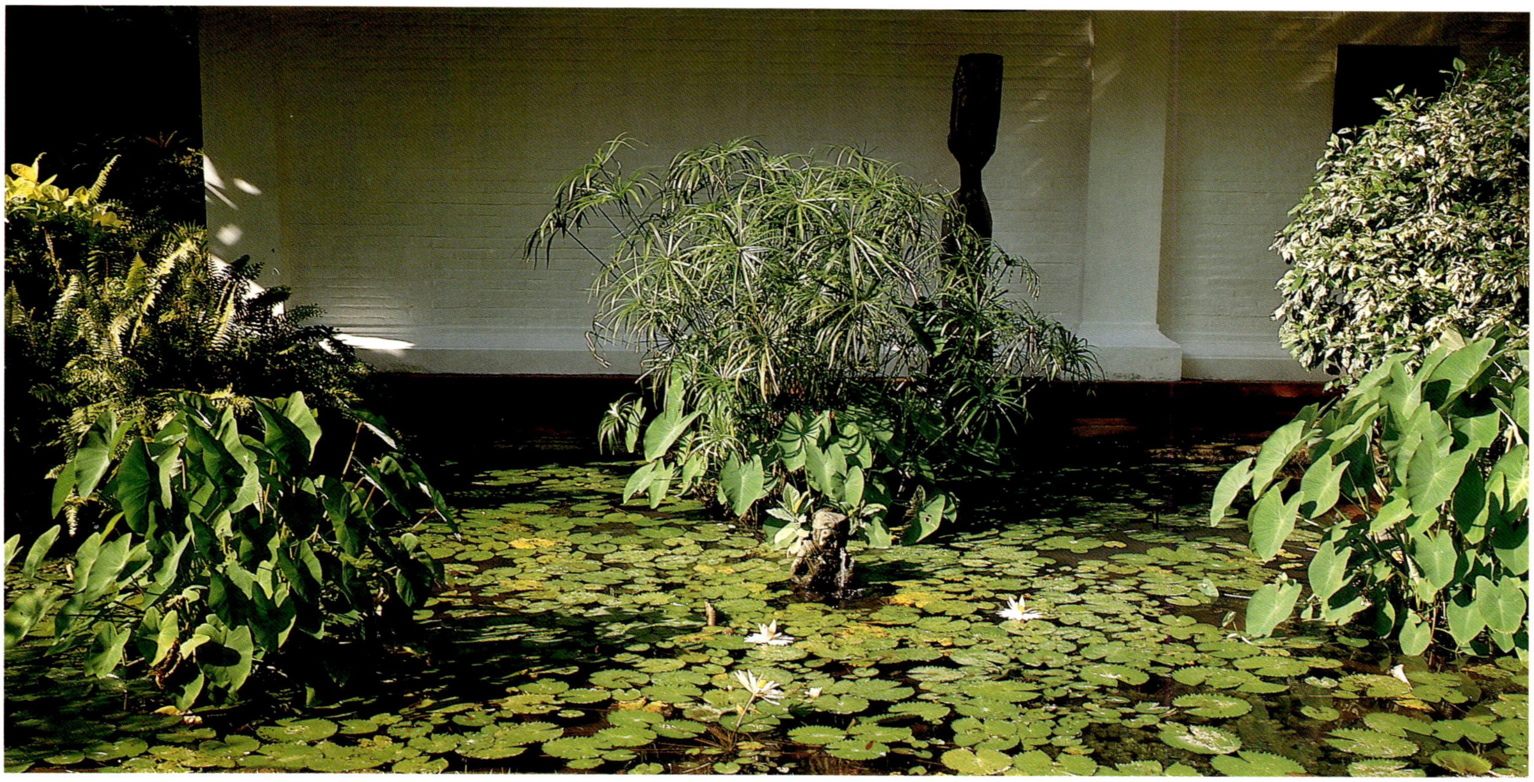

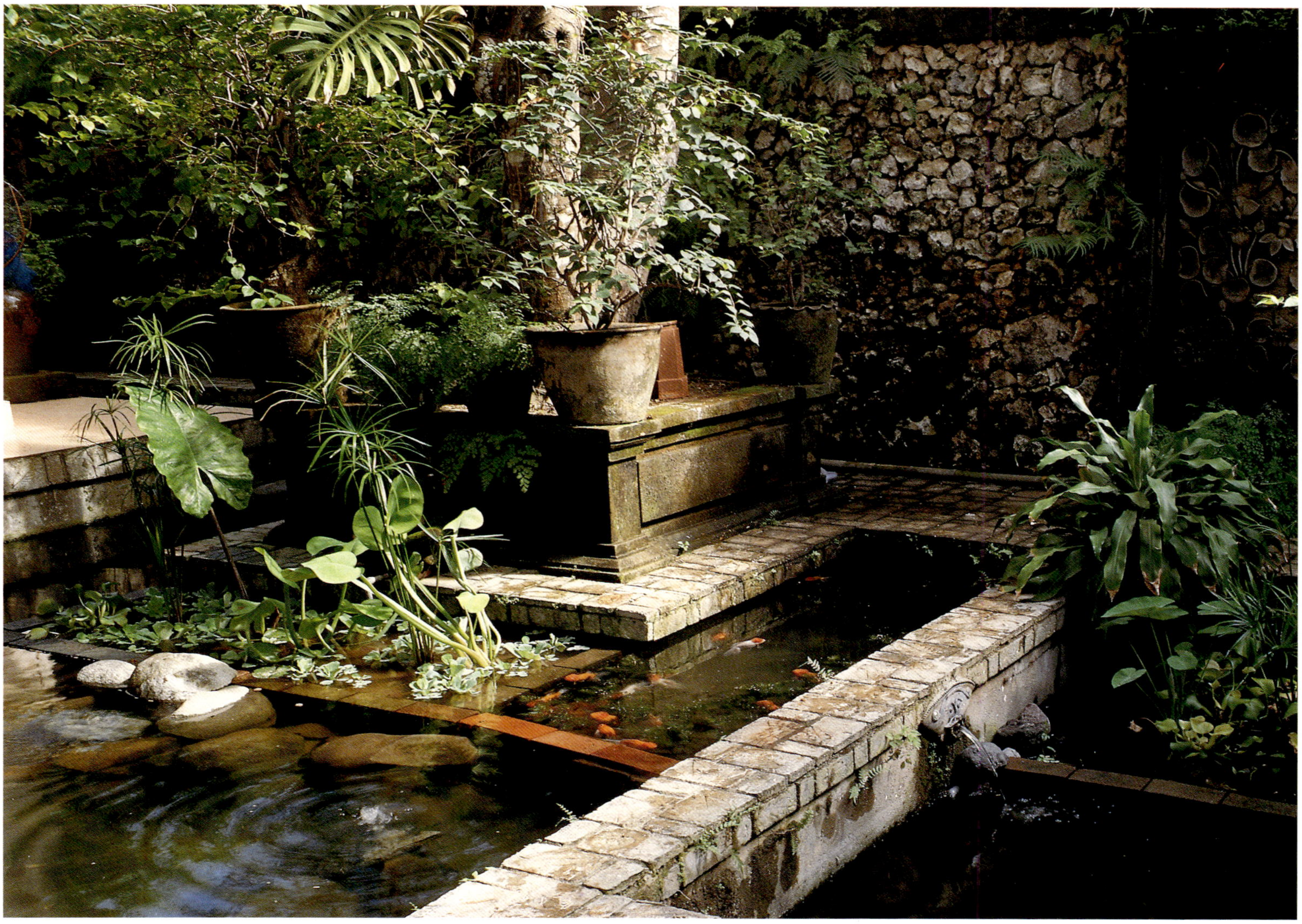

Schling- und Kletterpflanzen

In den Tropen gibt es eine Fülle dekorativer Schling- und Kletterpflanzen, die sich zur Begrünung von Spalieren und zur Verschönerung von ansonsten nüchternen Mauern oder Zäunen eignen. Eine heute in fast jedem wärmeren Land anzutreffende Kletterpflanze ist die aus Brasilien stammende *Bougainvillea*. Es gibt sie in vielen Farbschattierungen von Purpur und Karminrot (die widerstandsfähigsten Sorten) bis Weiß. Unter den zahlreichen Hybriden der Pflanze gibt es solche mit doppelten, zugleich gekräuselten Hochblättern oder verschiedenfarbigen Hochblättern an einer Pflanze sowie solche mit gemusterten Blättern. Ebenfalls aus dem tropischen Amerika stammen *Allamanda* mit ihren trichterförmigen, leuchtend gelb gefärbten Blüten; *Solandra guttata*, die wegen ihrer riesigen blaßgelben, duftenden Blüten auch „Goldkelch" genannt wird, sowie verschiedene Angehörige der Trompetenbaumgewächse *(Bignoniaceae)*, wie etwa die Trompetenblume oder *Pseudocalymma alliaceum*, die schöne, aber stark riechende ‚Knoblauchrebe'. Die Jaderebe *(Stronglodon macrobotrys)* und *Mucuna benettii*, die beide durch ihre aufsehenerregenden, bläulich-grünen bzw. orangeroten Blütenstände beeindrucken, sind in Südostasien heimisch. Südostasien ist auch die Heimat des ‚Rangunschlingers' *(Quisqualis indica)*, der zuerst in Indien kultiviert wurde, heute aber über die gesamten Tropen verbreitet ist.

Rangunschlinger (Quisqualis indica)

Knoblauchrebe (Pseudocalymma alliaceum)

Strophantus gratus

Links: Solandra nitida ‚*Goldkelch*';
Rechts: Allamanda

Mucuna benettii

Bougainvillea

Seite 211:
Bougainvillea spectabilis *(oben links)*,
Bougainvillea glabra *(oben rechts)*,
Bougainvillea-*Hybriden (Mitte links)*,
Bougainvillea spectabilis *(unten links)*,
Mexikanischer Knöterich (Antigonon leptopus, *unten rechts)*

211

Bodendeckende Pflanzen

Bodendecker können als leuchtendbunter Teppich oder als verbindendes Element zwischen höheren Pflanzen in einem Beet sehr dekorativ wirken. Sie haben darüber hinaus auch nützliche Funktionen: Sie halten das Unkraut kurz und sorgen dafür, daß die Gartenerde (insbesondere an Hängen) nicht durch heftige Regenfälle davongeschwemmt wird.

Beliebte Bodendecker für sonnige und halbschattige Bereiche sind unter anderem: die rosa oder rot blühende *Alternathera* aus Brasilien, die rasch einen Teppich bildet; verschiedene kriechende Formen von *Lantana* (Wandelröschen) mit weißen, gelben, lila oder rosa Blüten; *Rhoeo* mit stacheligen, auf der Oberseite grünbronzenen, auf der Unterseite rötlich-violetten Blättern; Portulak *(Portulaca)* in vielen leuchtenden Farben sowie zahlreiche schöne Sorten der Buntnessel *(Coleus)*. Für schattige Stellen eignet sich *Zebrina*, deren Blätter auffällige graugrüne Streifen auf purpurnem Grund aufweisen. Hinzu kommt *Episcia* mit behaarten Blättern in vielen Formen und Farben; schnell wachsender *Scindapsus*; *Philodendron* mit grün-weiß und gelb marmorierten Blättern; Zwergpfeffer *(Peperomia)*, dessen Blätter durch zum Teil raffinierte Muster auffallen, sowie Moosfarn *(Selaginella)*, von dem sich viele Spielarten in feuchten Gebieten rasch ausgebreitet haben.

Bildleiste links, von oben nach unten:
Portulaca grandiflora, *eine kriechende* Lantana-*Sorte,* Begonia

Unten: Verschiedene Bodendecker: Farne, Zwergpfeffer (Peperomia), Episcia *und* Maranta

Sechs verschiedene Sorten der Buntnessel
(Coleus)

Zwergpfeffer (Peperomia vershaffeltii)

Zwergpfeffer (Peperomia glabella variegata)

Verschiedene Zwergpfeffer-Sorten

Hemigraphis colorata

Fitonia

Moosfarn (Selaginella)

Zwergform des Schraubenbaums (Pandanus)

Rhoeo

Philodendron

Episcia cupreata

*Portulak (*Portulaca, *oben)*,
*Greiskraut (*Senecio, *links)*
und Alternathera *(unten und rechts)*

Fleißiges Lieschen (Impatiens)

Blühende Bäume

In den Tropen steht dem Gärtner eine riesige Auswahl blühender Bäume zur Verfügung. Allein der vorhandene Platz entscheidet darüber, welche von ihnen tatsächlich gepflanzt werden können. Während sich in einem kleinen Garten vielleicht nur zwei oder drei mittelgroße Bäume unterbringen lassen, kann man sich in einem größeren Garten den Luxus einer parkähnlichen Bepflanzung leisten, die einem über viele Monate hinweg Blüten beschert. Zu den für die Tropen besonders charakteristischen kleineren Baumgattungen gehören: *Plumeria* (mit weißen bis karminroten Blüten); *Cassia* (mit weißen, goldgelben, rosa- oder aprikosenfarbenen Blüten) und der Orchideenbaum *(Bauhinia)* sowie der rosa- oder gelb blühende Ipé-Baum *(Tabebuia)*. Dazu kommt *Spathodea campanulata*, der Afrikanische Tulpenbaum, dessen große glockenförmige Blüten goldorangefarben leuchten. Deutlich mehr Platz beansprucht ein Baum wie *Delonix regia,* der wegen seiner jährlich in Unmengen erscheinenden strahlend orangeroten Blüten auch mancherorts Flammenbaum oder Flamboyant genannt wird. Reichlich Platz benötigen auch der ebenfalls orange blühende Asokabaum *(Saraca indica)* und *Samanea saman,* der Regenbaum oder Monkeypod. Letzterer beeindruckt, wenn er sich richtig entwickeln kann, vor allem durch die Größe und Schönheit seiner schirmförmigen Krone.

Orchideenbäume (Bauhinia purpurea)

*Ipé-Baum (*Tabebuia argentea, *oben links),*
Cassia javanica *(oben rechts),*
*Flammenbaum oder Flamboyant (*Delonix regia, *Mitte rechts),*
*Indischer Goldregen (*Cassia fistula, *unten links),*
Cassia-*Hybride (unten rechts)*

*Pagodenbaum (*Plumeria rubra
 „Frangipani')

Seite 219:
*Orchideenbaum (*Bauhinia purpurea,
 oben links),
Saraca indica *(oben rechts),*
Plumeria acutifolia *(Mitte links),*
*Strahlenaralie (*Brassaia actinophylla,
 unten links),
Spathodea campanulata *(unten rechts)*

219

Literaturverzeichnis

AMRANAND, PIMSAI: *Gardening in Bangkok*, Bangkok, 1976.

BASHAM, A. L.: *The Wonder that was India*, New Delhi, 1981.

BRUGGEMAN, L.: *Tropical Plants and their Cultivation*, London, 1957.

CLAY, HORACE F., und HUBBARD, JAMES C.: *The Hawai'i Garden: Tropical Exotics*, Honolulu, 1977.

EISEMANN, FRED und MARGARET: *Flowers of Bali*, Berkeley, 1988.

GILLILAND, H. B.: *Common Malayan Plants*, Kuala Lumpur, 1958.

GRAF, ALFRED BIRD: *Tropica, Color Cyclopedia of Exotic Plants and Trees*, New Jersey, 1978.

GREENSILL, T. M.: *Gardening in the Tropics*, London, 1964.

HARGREAVES, DOROTHY und BOB: *Hawaii Blossoms*, Portland/Oregon, 1958.

HEPPER, J. NIGEL (Hrsg.): *Kew, Gardens for Science and Pleasure*, London, 1982.

HOLTUM, R. E.: *Gardening in the Lowlands of Malaya*, Singapur, 1953.

HYAMS, EDWARD, und MACQUITTY, WILLIAM: *Great Botanical Gardens of the World*, London, 1969.

JELLICOE, GEOFFREY und SUSAN (Hrsg.): *The Oxford Companion to Gardens*, Oxford, 1986.

KUCK, LORAINE E., und TONGG, RICHARD, C.: *Hawaiian Flowers and Flowering Trees*, Tokio, 1960.

MCMAKIN, PATRICK D.: *A Field Guide to the Flowering Plants of Thailand*, Bangkok, 1988.

MACMILLAN, H. F.: *Tropical Planting and Gardening*, London, 1935.

MENNINGER, EDWIN A.: *Flowering Trees of the World*, New York, 1962.

MERRILL, ELMER D.: *Plant Life ot the Pacific World*, Tokio, 1981.

MOIR, MAY A.: *The Garden Watcher*, Honolulu, 1983.

PICKELL, DAVID (Hrsg.): *Bali, Island of the Gods*, Berkeley, 1990.

POLUNIN, IVAN: *Plants and Flowers of Singapore*, Singapur, 1987.

SAVAGE, VICTOR R.: *Western Impressions of Nature and Landscape in Southeast Asia*, Singapur, 1984.

SCIDMORE, E. R.: *Java, The Garden of the East*, Singapur, 1984.

STEINER, MONA LISA: *Philippine Ornamental Plants*, Manila, 1960.

THOMAS, ARTHUR: *Gardening in Hot Countries*, London, 1965.

TINSLEY, BONNIE: *Visions of Delight: The Singapore Botanic Gardens through the Ages*, Singapur, 1989.

WHITTLE, TYLER: *The Plant Hunters*, London, 1970.

Danksagung

Dieses Buch hätte ohne die großzügige Hilfe vieler Personen aus den unterschiedlichsten Ländern nicht entstehen können. Der besondere Dank von Autor und Fotograf gilt:

Herrn Putu Aryasuta vom Bali Hyatt-Hotel, Herrn und Frau John Ault, Herrn Joop Ave, dem indonesischen Generaldirektor für Tourismus, Frau Cobey Black, Herrn Bernard Brack vom Bangkok Hilton International Hotel, Herrn und Frau Paul Cassiday, Herrn Manop Charoensuk, Frau Gerald Corbett, Frau Nancy Daniels vom Kahala Hilton Hotel, M. L. Tri Devakul, Frau Trina Dingler Ebert von den *Aman Resorts*, Herrn und Frau John Ede von den Mandai-Gärten, Frau Cheryl Engstrom vom Westin Kauai-Hotel, Dr. Fritz A. Frauchiger vom Museum für zeitgenössische Kunst in Honolulu, Frau Sue Girson, Herrn Rio Helmi, Herrn Brent Hesselyn, Frau Henrietta Ho von der Hyatt-Hotelgruppe, Herrn Tan Jiew Hoe, Herrn und Frau Hans Hofer, Frau Stephanie Kaluahine-Reid vom Westin Kauai-Hotel, Herrn Toshi Kaneko von den Allerton-Gärten, Dr. Tan Wee Kiat vom botanischen Garten in Singapur, Herrn Sunny Khoo vom Bali Hyatt-Hotel, Herrn Melvin Labra, Herrn Setapong Lekawatana, Frau Gretchen Liu, Herrn Leonard Lueras, Herrn Islay Lyons, Herrn Dr. Thomas Macmillan und Frau, Herrn Leland Miyano, Frau May Moir, Herrn Frank Morgan, Frau Linda Moriarity, Frau Fern Pietsch, M. R. Kukrit Pramoj, Dr. Yoneo Sagawa vom Lyon-Arboretum, Frau Khunying Lurasakdi Sampatisiri, Herrn Victor Sassoon, Herrn George Staples, Herrn Jurg Suter, Herrn Hiroshi Tagami, Frau Jean Thomas, Frau Bonnie Tinsley vom botanischen Garten in Singapur, Frau Anne Tofield, Herrn Chaiwut Tulyadhan, Herrn Richard Via, Frau Marisa Viravaidhya, Herrn und Frau Yvan Van Outrive, Herrn Prasart Vongsakul, Herrn William Waterfall, Herrn Lyndon Wester, Herrn Made Wijaya (Michael White vom *Pacific Landscape Design*), Herrn und Frau Wiya Wawo-Runtu, Dr. Keith Wooliams vom Waimea-Arboretum und Frau Ploenpit Wuttayagon.

Register

(Hinweise auf Abbildungen sind kursiv gedruckt)

ACALYPHA 121, 196; *167, 198*

Adenium 200; *201*

Aechmea (Lanzenrosette) *143*

Afrikanischer Tulpenbaum s. *Spathodea campanulata*

Agaven *108*

Aglaonema 196

Allamanda 14, 200, 208; *200, 209*

Allerton-Gärten (Hawaii) 148–159; *148–159*

Alocasia („Elefantenohr') 12, 105, 196

Alpinia purpurata („Roter Ingwer') 71, 79, 89, 100, 105, 121; *74, 77, 88, 120, 123, 193*

Alternanthera 212; *106, 129, 215*

Amandari-Hotel (Bali) 186; *171, 181, 186*

Amaranthus 197

Amherstia nobilis (Tohabaum) 10, 43; *42*

Ananas bracteatus („Rote Ananas') 117; *116*

Annonen 32

Anthurium (Flamingoblume) 14, 112, 196; *82, 83, 115, 142, 159, 199*

Antigonon leptosus (Mexikanischer Knöterich) *108, 179, 211*

Anuradhapura (Sri Lanka) 22, 23; *22*

Araucaria heterophylla (Norfolk-Tanne) 133; *135*

Aronstabgewächse 54

Arundina 47

Arundodonax versicolor 123

Asokabaum s. *Saraca indica*

Asplenium nidus (Nestfarn) 42; *38, 84, 99, 101*

Ault, John und Pannee 76; *182*

Ayutthaya (frühere Hauptstadt Thailands) 29, 85

BALI 15, 22, 27, 104–111, 117–129, 186; *22, 23, 26, 104–111, 117–129, 172, 186*

Bali Hyatt-Hotel 15, 105, 121–129; *121–129*

Baleria 201

Bambus 43, 52, 89, 100, 154, 161, 178; *74, 84, 109, 156/157, 167, 180*

Banane s. *Musa*

Bangkok 15, 28–33, 59, 165–167; *20, 21, 28–33, 173–176*

Bangkok Hilton International s. Hilton International

Bangkok Oriental-Hotel s. Oriental Hotel

Batujimbar-Gärten (Bali) 104–110; *104–110*

Bauhinia (Orchideenbaum) 165, 216; *216*

Baum der Reisenden s. *Ravenala madagascariensis*

Baumfarne 43, 130; *38, 40/41, 68, 94, 101, 134*

Beaucarnea 145

Beaumontia 165; *80*

Begonia 35, 97

Bignonia ignea 67

Bignoniaceae (Trompetenbaumgewächse) 208

Bixa orellana (Orleanbaum) *167, 203*

Blattpflanzen 165, 196–199; *106, 162, 196–199*

„Blauer Ingwer' s. *Dichorisandra thyrsiflora*

Bleiwurz s. *Plumbago*

Blühende Bäume 100, 216–219; *92, 216–219*

Blühende Sträucher 26, 27, 200–203; *33, 200–203*

Blumenrohr s. *Canna*

Bodendeckende Pflanzen 112, 133, 137, 165, 212–215; *90, 115, 122, 123, 128, 129, 135, 136, 140, 141, 145, 146/147, 173, 190, 212–215*

Bodhi-Baum s. *Ficus religiosa*

Bogor (Holländisch-Ostindien) 15, 37–43, 67; *36–41, 58, 60, 61*

Borneo 7, 8

Botanische Gärten 8, 35–55; *35–55*

Bougainvillea (Bougainvillie) 14, 99, 105, 121, 130, 149, 154, 161, 165, 208; *57, 64, 102, 210, 211*

Bougainvillie s. *Bougainvillea*

Brassaia actinophylla (Strahlenaralie) *84, 219*

Brassavola digbyana 143

Bromelien 14, 54, 95, 97, 121, 137; *55, 94, 96, 115, 136, 138, 140–145, 188*

Brownea 26

Brunnen (Garten-) 22, 23, 27, 154, 182, 186; *22, 110, 150, 152/153, 154, 182, 188*

Buitenzorg („Sorgenfrei') 15, 37–38, 67; *58, 60, 61*

Buntnessel s. *Coleus*

Burle-Marx, Roberto 137; *141, 143*

Burton, Decimus 10; *10*

CAESALPINIA 200

Caladium 196; *197*

Calathea 71, 154, 196; *134, 194*

Canarium 42; *37*

Canna 43; *65*

Carissa grandiflora (Natalpflaume) 112

Cassia 154, 165, 216; *217*

Cereus 154

Cestrum 200

Chatsworth (Großes Glashaus) 11, 12; *11, 12*

Cibodas (Java) 16, 43; *38, 40/41, 69, 173*

Clerodendrum 161; *151*

Codiaeum (Croton) 89, 105, 121, 196; *106, 198, 199*

Coleus (Buntnessel) 212; *213*

Colocasia esculenta (Taro) *125, 207*

Cordyline (Keulenlilie, Ti-Pflanze) 54, 71, 79, 95, 105, 130, 137, 196; *50/51, 94, 101, 106, 138/139, 140, 141, 143, 144, 199*

Costus (Kostwurz) 79, 80, 154; *54, 83, 194*

Couroupita guianensis (Kanonenkugelbaum) 42

Crinum (Hakenlilie) 99

Croton s. *Codiaeum*

Cordia 201

Cyperus (Zypergras) 204; *74, 125, 207*

DATURA SUAVEOLENS (Engelstrompete) 130; *134*

Delonix regia (Flammenbaum, Flamboyant) 79, 121, 161, 165, 216; *65, 217*

Dendrobium 47

Devonshire, sechster Herzog von 10–12

Dichorisandra thyrsiflora („Blauer Ingwer') 130; *134*

Dieffenbachia 79, 161, 196; *72, 82, 197*

Diospyros peregrina 89

Dipterocarpaceae (Flügelfruchtgewächse) 32

Djakarta (Java) 37, 59; *65*

Dracaena (Drachenbaum) 71, 79, 121, 196; *72, 75, 83*

Drachenbaum s. *Dracaena*

„*ECONOMIC GARDENS*" 38

Ede, John und Amy 71–75

Eichhornia crassipes (Wasserhyazinthe) 109, 204; *207*

Engelstrompete s. *Datura suaveolens*

Episcia 212; *212, 215*

Epiphyten (Aufsitzerpflanzen) 97; *36, 39, 97, 143*
Erythrina 121, 165
Eugenia uniflora (Surinamkirsche) 112
Euphorbia 202

FARNE 14, 42, 43, 54, 79, 80, 89, 97, 99, 105, 161, 165; *72/73, 91, 94, 98, 99, 101, 109–111, 125, 126/127, 158, 162, 212*
Feige s. *Ficus*
Ficus (Feige) 23, 80, 89, 112; *17, 19, 52, 134, 158, 164, 167, 179*
Ficus religiosa (Bodhi-Baum) 23, 25, 27; *19*
Fitonia 212
Flamboyant s. *Delonix regia*
Flamingoblume s. *Anthurium*
Flammenbaum s. *Delonix regia*
Fleißiges Lieschen s. *Impatiens*
Flügelfruchtgewächse s. *Dipterocarpaceae*
Foster Botanic Garden (Honolulu) 52; *42*
Frangipani s. *Plumeria*

GARDENIA (Gardenie) 165, 200; *140*
Gardenie s. *Gardenia*
Gewächshäuser (Glashäuser) 9–14; *10–13*
Geweihfarn s. *Platycerium coronarium*
Goa *57, 64, 65*
Grammatophyllum 42
Großer Palast (Bangkok) 28–30; *28–30*

HAKENLILIE s. *Crinum*
Hart und Tagami-Galerie (Honolulu) *169*
Hawaii 15, 16, 52, 54, 130–159; *16, 34, 50/51, 53, 55, 69, 178*
Heliconia (Heliconie) 14, 54, 71, 79, 89, 97, 100, 112, 121, 125, 137, 141, 154, 161, 192–195; *74, 75, 115, 126/127, 162–164, 172, 192–195*
Heliconie s. *Heliconia*
Hemigraphis 214
Hevea brasiliensis (Kautschukbaum) 37, 46, 49
Hibiscus 65, 76, 79, 121, 130, 161, 165, 200; *132, 196, 197, 200, 201*
Hilton International-Hotel (Bangkok) 164–167; *164–167*
Honolulu 16, 52, 112–115; *42, 113–115, 178, 184, 189*
Hydrocleis nymphoides („Wassermohn') 204

IMPATIENS („Fleißiges Lieschen') 130; *56, 133, 215*

Ingwergewächse 54, 97, 121, 154, 192–195; *72/73, 75, 107, 125, 192–195*
Ipé-Baum s. *Tabebuia*
Ixora 79, 161, 165, 200; *28/29, 80, 164, 203*

JACARANDA 79, 165
Jackfruchtbaum 32
Jaderebe s. *Stronglodon macrobotrys*
Jasmin s. *Jasminum*
Jasminum (Jasmin) 26, 27, 165, 200
Java 15, 26, 38, 59, 117; *36, 63, 68*

KAHALA HILTON-HOTEL (Honolulu) *178, 185*
Kakteen 42, 121, 125, 154
Kanonenkugelbaum s. *Couroupita guianensis*
Karedoxa dolphin 79; *79*
Kautschukbaum s. *Hevea brasiliensis*
Kebun Raya (Botanischer Garten, Java) 37, 42, 43; *36, 38, 39*
Keulenlilie s. *Cordyline*
Kew (Botanischer Garten, London) 8–10, 12; *9, 10*
Kletterpflanzen 161, 165, 208–211; *36, 48, 110, 128, 158, 208–211*
Klungkung (Bali) 27; *26*
Knoblauchrebe s. *Pseudocalymma alliaceum*
Königspalme s. *Roystonea*
Kostwurz s. *Costus*
Kraton (Sultanspalast von Yogyakarta) 27; *27*

LAGERSTROEMIA 79, 161
Lantana 165, 212; *212*
Lanzenrosette s. *Aechmea*
Lawai Kai s. Allerton-Gärten
Leland Miyano-Garten (Hawaii) 137–147; *137–147*
Lotosblume s. *Nelumbo nucifera*
Lyon-Arboretum (Hawaii) 52–56; *34, 50/51, 52–56*
Lyon, Dr. Harold 52

MALAYSIA 37, 46, 59; *186*
Malaiisches Gras 89, *161*
Mandai-Gärten (Singapur) 71–75; *71–75*
Mangobaum 32, 161; *162*
Maranta 196; *212*
Mauern (Garten-) 178–180; *178–180*
Mauritius 37
May Moir-Garten (Honolulu) 94–97; *94–97*
Medinilla magnifica 97; *55, 95, 203*

Michelia alba 26, 27, 200
Mimosa 137
Mimose s. *Mimosa*
Mimusops elengi 83
Miyano, Leland 137–147
Moosfarn s. *Selaginella*
Mucuna benetti 208; *209*
Murraya paniculata („Falsche Orange') 200
Musa (Banane) 7, 52, 141; *192*
Museum f. Zeitgenössische Kunst (Garten, Honolulu) 112–115; *107, 112–115*
Mussaenda 71, 79, 137, 200; *70, 142, 189, 203*

NATALPFLAUME s. *Carissa grandiflora*
Nelumbo nucifera (Lotosblume) 23, 24, 79, 109, 121; *116–119, 125, 128, 136, 184, 204*
Nerium oleander 165
Nestfarn s. *Asplenium nidus*
Norfolk-Tanne s. *Araucaria heterophylla*
Nymphaea (Seerose) 11, 12, 65, 79, 204; *12, 45, 60, 81, 91, 125, 164, 176, 177, 184, 204, 205*

OCHROCARPUS SIAMENSIS 32
Oleander s. *Nerium oleander*
Oncidium 144
Ophiopogon 77
Orchideen 42, 52, 62, 71, 89, 95, 137; *46, 47, 97, 107, 143, 144*
„Orchideenbaum" s. *Bauhinia*
Oriental Hotel (Bangkok) *173, 176, 180*
Orleanbaum s. *Bixa orellana*

PACHYSTACHYS 201
Pagodenbaum s. *Plumeria*
Palastgärten 14, 18–33; *18–33*
Palmen 14, 43, 52, 76, 78, 79, 89, 99, 100, 117, 121, 141, 161, 166; *10, 31, 44, 71, 79, 86–88, 90, 92, 93, 98, 100, 101, 103, 104, 107, 116, 118, 120, 138/139, 145, 149, 152/153*
Palmfarne 137; *42, 136, 140, 141, 143–146*
Pamplemousses (Mauritius) 37; *44, 45*
Pandanus (Schraubenbaum) 80, 105, 121, 204; *74, 75, 88, 91, 165, 206, 215*
Paphiopedilum 47
Papyrus s. *Cyperus (papyrus)*
Paradiesvogelblume s. *Strelitzia reginae*
Patong Beach (Phuket) 76
Paxton, Joseph 11; *11, 12*
Pelangi Resort (Malaysia) *186*
Peltophorum inerme 161, 165
Penang (Botanischer Garten) 52; *43*
Peperomia (Zwergpfeffer) 112, 212; *212, 214*